西洋美術史

世界のビジネスエリートが身につける教養

木村泰司
Taiji Kimura

JN217250

ダイヤモンド社

はじめに
「美術史とは、世界のエリートの〝共通言語〟である」

社会がグローバル化するいま、ようやく日本でも美術史の重要性が認識され始めています。ここ10年来、日本で、財界人や企業向けの美術に関するセミナーが増えているようです。私も以前に比べると、多くの企業に美術史を教える機会をいただくようになりました。

美術史は欧米人にとって必須の教養であり、欧米社会における重要な共通認識、コミュニケーション・ツールです。私のセミナーにおいても、欧米に駐在や留学経験のある方たちほど、その必要性を認識されています。とくに、エグゼクティヴなポジションにいる方やその配偶者ほど、その地位に相応しい現地の方との社交からその必要性を痛感されているようです。

私自身、カリフォルニア大学のバークレー校で美術史を学びましたが、在籍中に、そのことを痛感した出来事がありました。それは、美術史の上級レベルの「初期ネーデルラント絵画」を受講していたときの話です。

上級レベルの授業ともなると、受講している学生は美術史専攻の人たちばかり。ほとんどが顔見知りです。しかし、その中で明らかに初めて見かける学生がいました。

学期が進むうち、その学生と声を交わすようになった私は、彼にこう聞いてみました。

「ところで、君って美術史専攻だったっけ？」

すると、「物理だよ」と思わぬ返事が返ってきたのです。

私は、「え？　どうして物理専攻なのにこのクラスを取っているの？　一般教養のスタンダードな美術史の授業じゃないのに」と聞き返しました。すると彼は、

「だって、社会人になったときに自分のルーツの国の美術の話ができないなんて恥ずかしいじゃないか」

と答えたのです。彼は、オランダ（ネーデルラント）系アメリカ人でした。

そのとき私は、欧米人の未来のエリート候補の意識の高さを痛感しました。私はいまだにその衝撃と感動を忘れることができません。

私には、全米でベスト10に入るほどの国際弁護士の友人がいます。私は、彼の子どもたちのゴッド・ファーザーにもなっているため、私が日本に帰国して以降も、その友人夫妻と子どもたちとは長年の付き合いとなっています。国際弁護士の友人だけでなく、彼の夫人もまた、バークレーからケンブリッジ、コロンビアで学んだ後にハーバードで博士号を取得し、その後もイェール法科大学院に進むほどの秀才です。夫婦そろって大変な「知的エリート」なのです。

そんな彼らからも、欧米のエリートたちに美術史の素養が根付いていることを痛感させられます。たとえば、彼らが寄付をしている美術館での特別講義に一緒に行った際、美術史家に堂々と的確な質問をしていたときは感服しました。

もちろんこの夫妻に限らず、私がこれまでかかわってきた欧米のエリートたちも、当然のように美術史を教養として身につけていました。なぜ欧米では、ここまで教養として西洋美術史が根付いているのでしょうか。

その理由として、欧米における「美術」は、政治や宗教と違い一番無難な話題であると同時に、その国、その時代の宗教・政治・思想・経済的背景が表れているからです。日本人は、どうしても美術を見るときに「感性」という言葉を口にしがちですが、美術を知ることとは、その国の歴史や文化、価値観を学ぶことでもあるのです。

私は、いつも講演で「美術は見るものではなく読むもの」と伝えています。美術史を振り返っても、西洋美術は伝統的に知性と理性に訴えることを是としてきました。古代から信仰の対象でもあった西洋美術は、見るだけでなく「読む」という、ある一定のメッセージを伝えるための手段として発展してきたのです。つまり、それぞれの時代の政治、宗教、哲学、風習、価値観などが造形的に形になったものが美術品であり建築なのです。それらの背景を理解することは、当然、グローバル社会でのコミュニケーションに必須だと言えます。

一方の日本では、美術史というジャンルの学問が世間で認知および浸透していないのが現状です。それにもかかわらず、日本は非常に展覧会に恵まれています。とくに東京では年中展覧会が開かれており、海外の美術館が所蔵する一級の作品も来日を果たします。

しかし、それをただ鑑賞するだけで終わることが多く、それはまるでわからない外国語の映画を字幕なしに観ているのと同じだと言えるでしょう。

欧米の美術館を訪れた方なら目撃したこともあるかもしれませんが、欧米では小さな子どもたちでさえ学芸員や引率する先生に教わりながら美術品を鑑賞します。自分勝手に鑑賞するだけでは、当然、学べる点が少ないからです。

しかし、残念ながら日本ではこのような美術教育が施されていません。このような状況からも、日本と世界の差を実感してしまいます。美術（それすなわち美術史）に対して造詣がないことは、むしろ恥ずかしいことであるという認識が日本ではなさすぎるのです。

もちろん、「日本にいる限り、そのような知識は必要ではないだろう」という声があるのもわかります。

しかし、世の中はどんどんグローバル化に向かっています。「私は日本人だから、欧米のことなど知らない、必要ない」と言っている時代ではなくなってきているのです。そして、感度の高い企業が、それをいち早く感じ、幹部候補たちにその教養を身につけさせようとしているのです。

そこで私はこの本を執筆することを決めました。一人でも多くの方に、馴染みのない美術史を身につけてもらえるよう、西洋美術史約2500年分のうち必要最低限の知識を1冊に凝縮したのが本書です。ただの美術品の説明ではなく、背景にある歴史や事件、文化・価値観など、「教養」としての美術史が学べるように心して記したつもりです。

世界のエリートたちが身につけている知識を得られることはもちろん、歴史的な背景を踏まえ、美術史という概念および知識を念頭に置くことで、美術鑑賞や社交の場においても、より世界が大きく開かれていくことでしょう。
ぜひ、本書で「世界」への扉を開いてみてください。

西洋美術史家　木村泰司

CONTENTS

第2部 絵画に表れるヨーロッパ都市経済の発展
ルネサンスの始まり、そして絵画の時代へ

西洋絵画の古典となった3人の巨匠 ——ルネサンス

都市経済の発展がもたらした芸術のイノベーション ——北方ルネサンス

第3部 フランスが美術大国になれた理由

〝偉大なるフランス〟誕生の裏側

絶対王政とルイ14世 ――フランス古典主義

第4部 近代社会はどう文化を変えたのか？
産業革命と近代美術の発展

なぜ、印象派は受け入れられなかったのか？ ――印象派

アメリカン・マネーで開かれた「現代アート」の世界 ――現代アート

第1部

「神」中心の世界観はどのように生まれたのか？

ギリシャ神話とキリスト教

なぜ、古代の彫像は「裸」だったのか？

ギリシャ美術

「男性美」を追求した古代ギリシャの価値観

２００４年のアテネ・オリンピック開会式では、ダンサーたちがまるで全裸であるような衣装を着て登場しました。これは古代オリンピックの競技が、ほとんど裸で行われていたことを表しています。古代のギリシャ人は美しい神々と同じ裸で競技をしていたのです。

ここでいう神とは、キリスト教などの絶対的な神と違い、超人的である一方、喜びや怒り、そして愛憎といった人間的な感情を持った個性豊かな神々です。ギリシャ人にとって人間の姿は、この神から授かったものであり、美しい人間の姿は神々が喜ぶものと考えていました。ここから生まれた「美しい男性の裸は神も喜ばれる」という思想を背景に、「美＝善」という信念・価値観があったのです。男として美しくあることは徳を積むことでもあり、立派な人間になるためには外見の美しさも追求する必要があると考えられていました。

それを象徴するように、紀元前6世紀末以降、アテネでは守護神アテナに捧げられたパンアテナイア祭の際に、定期的に美男コンテストが開催されていました。美しいということは神に近づくことであり、また神もそれを喜ぶという考え方が浸透していたことがわかります。「美男＝神への捧げもの」という考え方です。「男は顔じゃない」ではなく、美しいか否かが人格までを決めるほど、美しさが重要だったのです。ちなみに、美男コンテストにはシニア部門もあったため、若い男性だけがもてはやされたわけではないことがわかります（ただし、皺《しわ》は老醜《ろうしゅう》と見なされました）。

もうひとつ、ここまで男性の肉体美が称えられた背景として、当時のギリシャの男性に兵役の義務があったことがあげられます。兵役につくことにより選挙権を得ていたのです。古代ギリシャの都市国家スパルタでは、男子は7歳で家族と離れて兵士として訓練されていました。

つまり、体を鍛えることはギリシャ人男性にとって必須であり、その結果、肉体の優秀性を競い合うことになったのでした。それは哲学者といえども同じで、かの哲学者プラトン（紀元前427頃〜前347年）の本名はアリストクレスといい、プラトンは「肩幅が広い」というあだ名なのです。

こうした背景から、古代ギリシャでは主に男性美を追求したギリシャ彫刻が発展することとなります。

まず、「アルカイック時代（前600頃〜前480年）」と呼ばれる様式が生まれてきます。ギリシャ美術が完成したと見なされるのがその後の「クラシック時代（前480〜前323年）」であり、その「クラシック＝古典・規範」の基礎を作ったのがアルカイック時代です。現在、私たちが美しい芸術品として欧米の美術館で愛でるギリシャの彫像が作られるようになったのが、このアルカイック時代からなのです。

アルカイック時代の彫刻は、エジプト美術の影響を受けた直立したポーズが特徴的です。ただし、エジプト美術と違い、支えがない独立像です。

アルカイック時代の彫像には、神殿に奉納するために作られた少年・青年を意味する「クーロス」と少女を意味する「コレー」があります。初期のコレーにはエジプト風の重いかつらのよ

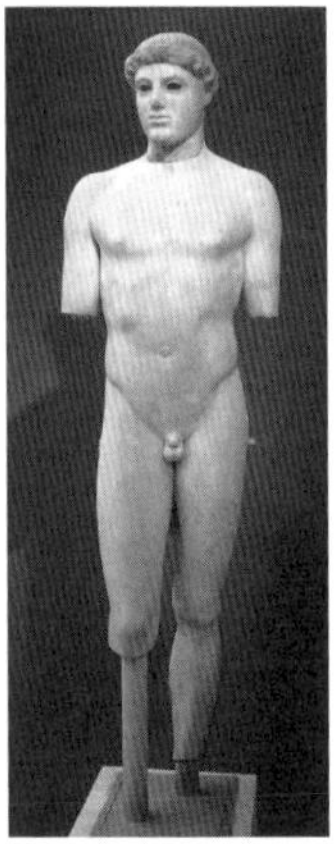

アルカイック時代の直立したポーズが特徴的なクーロスの彫像
©Tetraktys

うな髪型が見られ、衣装には女性特有の肉体を表現しようという意図が見られます。男性彫像は裸体で、片脚に重心をかけ、いかにも歩き出しそうな「コントラポスト」と呼ばれるポーズが目立ちます。

古代ギリシャの発展と美術の変化

そして、この裸体像の肉体美の表現が完成されたのが「クラシック時代」です。コントラポストも不動でポーズ的だったアルカイック時代と違い、クラシック時代にはより劇的で表現的なものになっていきます。クラシック時代は、後の西洋の美の規範・古典となる時代です。

初期のクラシック時代である紀元前5世紀の彫像の特徴として、ギリシャ連合軍がペルシャに勝利した気運の高まりから、神々や運動選手それぞれに相応しい性格（エトス）を追求した崇高で荘重な彫像が多い点があります。

紀元前480年、ギリシャ本土への侵入を企てたペルシャ帝国を、アテネを中心にしたギリシャ連合軍が撃退した後、都市国家アテネが文化・学問の中心地となっていきます。アテネの政治家ペリクレス（前495頃～前429年）による政治改革により、アテネでは民主政治が完成されたのです。

しかし、アテネとスパルタの二大勢力が対決した、ギリシャ世界を巻き込んだ内乱「ペロポネソス戦争（前431～前404年）」以降、社会と美術の雰囲気が一変していきます。粛清が行われるなど恐怖政治がアテネを支配する中で、美術における嗜好はその反動から享楽的なものを求めるようになります。終戦前後に日本の世相や風俗習慣が激変したように、精神的緊張感は長く続くものではなく、その反動は人々の趣味・嗜好を対極的なものに導くものなのです。

崇高で荘重な様式が特徴的な紀元前５世紀の彫像の複製（左）と、優美さを漂わせる紀元前４世紀に作られたプラクシテレスの「ヘルメス」の複製（右）©Tetraktys（右）、©Roccuz（左）

その結果、紀元前5世紀の崇高で荘重な様式ではなく、紀元前4世紀のものは優美さを漂わせたものが多くなりました。たとえば、古代ギリシャの彫刻家プラクシテレスによる「ヘルメス」は、オリンピックの勝者の体をモデルに制作されてはいますが叙情性が漂う優美な彫像になっています。

男性彫像のプロポーションもガッチリした体型から多少スレンダー化するどころか、7頭身から8頭身になって小顔になるなど理想の男性美も変化していきました。

また、それまで裸体で表現されなかった女神像も、プラクシテレスによって等身大の裸体で表されました。ギリシャでは男性の裸体は賞賛されましたが、女性が裸になることはタブー視されていました。そのタブーを破り、プラクシテレスが制作した「クニドスのアフロディテ」は、当時のギリシャ世界で大センセーションを巻き起こす結果となったのです。もちろん、理由もなく女神を裸にするわけにはいかないため、沐浴《もくよく》するという形をとっています。

ちなみに、現代人からするとクラシック時代のギリシャ彫刻の表情が乏しく映るのは、「感情をあらわにすることは慎むべき」というギリシャ人の意識の表れです。苦しみや悲しみを意味する「パトス」を制御した表情が善とされ、それが悲劇の場面でさえクラシック時代の彫像特有の「パトス」の表情となっているのです。

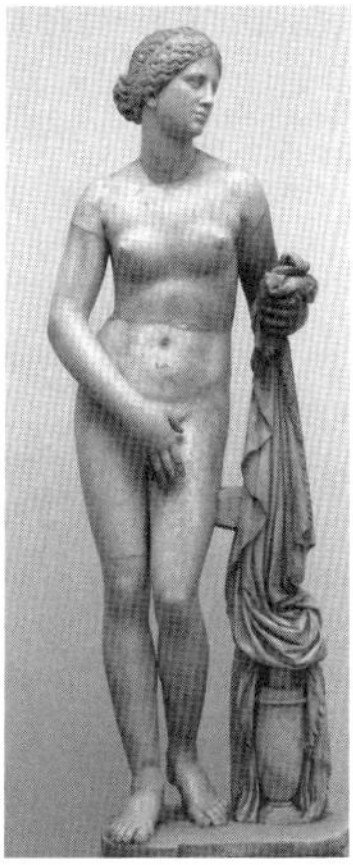
「クニドスのアフロディテ」の複製

そして、その表情は「ヘレニズム時代（前323～前30年）」に変化します。マケドニアのアレクサンドロス3世（在位：前336～前323年）は、マケドニア・ギリシャ連合軍を率いてペルシャに遠征し、オリエントやエジプトにまたがる大帝国を建設したのち死去します。この大王の死後に大帝国は分裂しますが、遠征の結果、ギリシャの文明が広域に伝わることになったのでした。

このヘレニズム時代にギリシャ文化圏が一気に広がったことで、それまで通用していたギリシャ人特有の価値観以外の表現が見られるようになります。大王の後継者たちによって支配された地域とギリシャの文化が融合された「ヘレニズム文化」が生まれ、美術の様式も変化していったのです。

具体的には、ギリシャ的な思想ではなく、より個人的な感覚や、理想主義ではなく個性を重視した写実主義[※1]へと変化しました。神ではなく君主や特定の人物を表すようになった結果、写実性の強い描写が発展したのです。

そして、彫像も神への礼拝ではなく鑑賞の対象となり美術品化していきました。そのため、ヘレニズム時代のものには官能性の強いものや感覚に訴えるものが多い点が特徴です。

ルーヴル美術館の「サモトラケのニケ」のように、現代人にはヘレニズム美術のほうがクラシック時代のものよりも人気なのもうなずけます。

ちなみに、ヘレニズム時代の定義で

制作者不明「サモトラケのニケ」
紀元前190年頃

すが、アレクサンドロス3世に仕えたプトレマイオスによるプトレマイオス朝エジプトが、紀元前30年にローマによって滅ぼされるまでを指します。その最後の女王が、かの有名なクレオパトラです。

現存するギリシャ美術のほとんどは「コピー」

ギリシャ彫刻を鑑賞する際に忘れてはならないのは、オリジナルが失われてしまったギリシャ彫刻をローマ人が模刻（コピー）したおかげで後世の私たちはその美を知ることができるという点です。

紀元前146年にギリシャを支配したローマ帝国は、建築や芸術面でギリシャ文明を継承します。そして、ギリシャ人の芸術家たちもローマに移り住みギリシャ美術が多く模刻されました。そのおかげでオリジナルの青銅製のギリシャ美術が失われたにもかかわらず、その姿を現在にまで残すことになったのです。

元来は美術を贅沢とし、質実剛健を美徳としていたローマ人でしたが、紀元前2世紀にヘレニズム時代のギリシャを支配したことで、大量のギリシャ美術が略奪品としてローマにもたらされます。また、ギリシャ人の美術家たちもローマへと移住したことによって、先進的なギリシャ文化がローマを支配することになるのでした。

ローマ人の神殿も、土着の神殿建築にギリシャ風の装飾を施したものへと発展していきます。ローマ神殿に奉納された神像も、ギリシャ人彫刻家が制作しました。政治的にはギリシャを征服し植民地化したローマでしたが、文明的には逆に征服されてしまったのです。ローマ人といえばラテン語ですが、ローマ帝国占領地のエリート階級の共通言語がギリシャ語だったことからもそれはわかります。

ちなみに、ローマ人はギリシャの神々さえも取り入れ、そして自分たちの神々と同化させていきました。ギリシャでいうゼウスはユピテル、アフロディテはウェヌスというように、それぞれの神はラテン名を持つようになるのです。

さらに、ギリシャの文化に憧れた文化的後進国ローマの上流階級の人たちは、住空間にもギリシャ的な特徴を加えていきました。そうしたローマ人の私邸を飾るための輸入品を運んでいた沈没船から、多くのブロンズや大理石で作られた彫刻や調度品などが発見されています。

こうして、ローマ人たちによりギリシャ美術は完全に「美術品化＝商品化」され、大理石で多くの模刻が制作されていきました。

紀元前2世紀以降のローマ人たちが求めたものは、現在でも美術史では古典（規範）と見なされる古代ギリシャのクラシック時代の名作です。しかし、オリジナルはもちろん1点しかありません。そこで、ギリシャ人彫刻家たちは機械的に精密な大理石の模刻を制作する技法を生み出しました。その結果、前述したように現在では失われてしまったギリシャ美術の傑作が大量にコピーされ、現在でもその姿を私たちに伝えてくれているのです。

ただし、必ずしもローマ時代のコピーがギリシャのオリジナルの姿に忠実というわけではありません。たとえば、腕や脚のポーズなどに多少の違いがあることがあり、同じオリジナルから制作されていても、コピー同士を比べるとその相違点が際立ちます。

こうして、ギリシャ美術における美への追求の成果はローマへと継承されます。そして、これらギリシャ美術、そしてローマの古代美術は美の「規範（古典）」と見なされ現代にまで至ります。したがって、西洋美術史の原点となるのが古代のギリシャ美術なのです。

■古代ギリシャ美術の変遷と主な出来事

アルカイック時代（BC600〜BC480年）

BC490年	ペルシャ軍をギリシャ連合軍が撃退（マラトンの戦い）。これを機に、彫刻は崇高で荘重なものが多くなる

クラシック時代（BC480〜BC323年）

BC431年	ペロポネソス戦争。アテネとスパルタの二大勢力が対決。この戦争による粛清に対する反動から、美術は享楽的なものを求めるようになる
BC334年	アレクサンドロス３世がペルシャ遠征を行う。こうした遠征の結果、ギリシャ文化圏が広がり、美術の様式も変化していく

ヘレニズム時代（BC323〜BC30年）

BC272年	ローマがイタリア半島を統一
BC146年	マケドニア戦争の結果、ギリシャがローマの支配下にくだる。ギリシャの文明がローマに取り入れられ、多数のコピー品がつくられるようになる
BC30年	エジプトがローマの支配下に

※1　理想的な姿を描くのではなく、ありのままの姿を描こうとすること

COLUMN

平和の祭典「オリンピック」の始まり

古代ギリシャでは、多くの都市国家が誕生した結果、都市国家間で頻繁に戦争を繰り返すようになります。その結果、4年に一度休戦するために生まれたのが古代オリンピックです。神儀のため、当然このオリンピック期間中は休戦となりました。オリンピックが「平和の祭典」と言われるのはそのためです。戦士は選手となり、裸体に油を塗って競技しました。聖域で行われた古代オリンピックでは、女性がその聖域に入ることは禁じられていたため、選手たちは裸で競技を行えたのです。競歩から始まった古代のオリンピックでしたが、後には体育競技だけでなく、期間中に詩の朗読などの芸術面でも競うようになります。

また、現在は世界的な祭典であるオリンピックですが、古代オリンピックが始まった当初は、ギリシャ人のみが参加を許されていました。しかし、ローマ帝国の支配以後、ギリシャ

以外のローマ帝国下の人々も競技に参加するようになります。ローマ皇帝ネロ（在位：西暦54～68年）も西暦67年のオリンピックに出場しています。

ただし、ギリシャ人と違い、ローマ人の中には裸で競技することを嫌がる人もいたようです。温泉で裸になるのが当たり前の日本人に対し、他のアジア地域ではそれに抵抗がある人が多いことと同じです。

そして、現在では当たり前となった優勝者に与えられる「金メダル」ですが、当時の優勝者には勝利を表す「赤いリボン」が与えられました。また、ゼウスに捧げる神儀ですので、オリュンピアのゼウス神殿近くに生えているオリーブの木の枝で作られた冠も授けられたのです。オリーブが平和の象徴となったのはこのためです。もちろん優勝者は、故郷の都市国家に戻った際に英雄扱いを受けました。

そして、神を表すことのみに彫像の制作が許された時代に、優勝者には自分自身の彫像を作らせる権利が与えられました。こうして優勝者を表した男性彫像が制作され、オリュンピアのゼウス神域に奉納されたのです。

しかし、古代オリンピックは西暦３９４年に終わりを告げます。ローマ皇帝テオドシウス（在位：３７９～３９５年）がキリスト教をローマ帝国の国教と定め、異教の神となったゼウスに捧げる古代オリンピックを禁止したのです。こうして12世紀も続いた古代オリンピックの幕が閉じたのでした。

ローマ帝国の繁栄と、帝国特有の美術の発達

ローマ美術

ローマ美術のもうひとつの源流「エトルリア」

古代ローマの文化はギリシャ文化を継承しながら、ローマ特有の発展をし、西洋文明における古典文化として現在まで継承されています。

神話によると紀元前753年に建国されたと見なされるローマですが、前509年に共和制を樹立して以降、ローマの領土拡大が進み、前270年頃にはイタリア全土がローマの支配下に下ります。そして、前146年にはギリシャとカルタゴが、前30年にはエジプトもローマの属州となりました。

「すべての道はローマに通ず」の言葉通り、大領土を統治したローマは、ギリシャ以

上に都市や環境整備、そして水道などのインフラ整備に優れていた点が特徴的です。

イタリア半島の歴史を振り返ると、ローマ帝国の発展以前に、中部イタリアにてエトルリア人の文化が興りました。トスカーナ地方を中心とした結合力の弱い連合組織だったエトルリアは、周辺の民族とは異なった風俗や生活の持ち主でした。

たとえば、死後の生活を強く信じたエトルリア人は、生前と同じ生活が続くように「永遠の家」として立派な墳墓を造りました。いわゆる、ギリシャ語で「死者の街」を意味するネクロポリスです。後にエトルリア人はローマに侵略されていきますが、彼らはエトルリア人の都市を破壊しても墳墓を破壊することはなかったため、現在に至るまでこのエトルリア特有の墳墓が伝わっています。

現在でも謎の多い彼らの文化の最盛期は、紀元前7世紀から前6世紀にかけてでした。実は、この頃はローマもエトルリア人の王に支配される小さな都市国家にすぎなかったのです。しかしローマは、前509年にはエトルリアの王を追放し共和制を樹立します。

前474年にギリシャとの海戦にも敗れたエトルリアは以後衰退の一途をたどり、ついにはローマの支配下になります。そして、前1世紀の初めにはエトルリア人にもローマの市民権が与えられ、完全にローマに吸収されてしまうのです。

ブロンズなどの金属工芸とテラコッタの技術に長けていたエトルリア人でしたが、ギリシャ陶器を大量に輸入するなど、その様式にはギリシャ美術の影響も表れています。そしてそのエトルリア美術の伝統は、エトルリアを支配したローマに継承され、ギリシャ美術同様にローマ美術の源流へと組み込まれていきました。

「美」の追求から「写実性」の時代へ

共和制を樹立したローマでしたが、名門貴族の力が強く、彼ら長老たちによる元老院が、長い間権力を握っていました。しかし、元老院の一員という意識だった初代皇帝アウグストゥスの死後、徐々に皇帝の独裁権力が強められていきます。そして、「五賢帝時代（96～180年）[※2]」にはローマ帝国は最大の版図を誇り、その国威も頂点に達します。「ローマの平和[※3]」は地中海世界に平和をもたらし、そして経済的繁栄をローマにもたらしました。

そして、ローマは帝国に相応しい美術の様式を確立させ発展させていくことになります。経済の発展とともに、ローマ人のライフスタイルは贅沢なものになっていき、公共の場や自邸を飾るために、大量のギリシャ美術が輸入され模刻されるようになるのです。

さらに、ギリシャとローマの伝統が融合されたローマ独自の美術が生まれてきます。ローマ独自の美術として、大量に作られた写実性の強い肖像彫刻があります。ローマ人には先祖崇拝の習慣があり、先祖の肖像を作って家の中に祭ったため、本人の容貌に似せて作る肖像彫刻が発展したのです。現代の私たちが遺影を飾ることと同じです。ギリシャがローマの領土になったのが、美術が理想主義から写実主義に移行したヘレニズム時代だったことも、写実的な個人の肖像彫刻が発展した要因となりました。

元々のローマの肖像は、蝋《ろう》製の頭部像でしたが、ギリシャ美術の流入とともに、ブロンズや大理石を用いた肖像彫刻となっていきます。しかし、ギリシャ人が全身像を好んだのに対し、ローマ人はその容貌の写実性を求める点からか、頭部像や胸の下までを表す胸像を好みました。

さらに特徴的なのは、ローマの肖像彫刻では、老人を皺だらけに表現している点です。ギリシャ人の「美＝善」という信念と違い、ローマ人は皺を威厳ある老人に対する敬意の象徴として表していたのです。ここに、皺を老醜と見なしたギリシャ人との価値観の違いが表れています。

また、ローマ彫刻に裸体像が少ないのは、ローマ人はギリシャ人と違い、全裸で運動競技をする習慣がなかったからです。ただし、身分の高い人物の場合は、神格化もしくは神話の英雄にならって裸体で表されていることもあります。

ローマの彫像の写実性は、現存する歴代のローマ皇帝の彫像と、同じ皇帝のコインの肖像を比べてみても、それぞれの容貌の特徴を強く表していることがよくわかります。さらに、同じ皇帝のいくつかの彫像を見比べてみるとわかりますが、ある一定の理想化はしながらも、年齢を重ねていく風貌の変化さえも表しているのです。こうした皇帝の彫像は帝国全土でコピーが作られ、公共の場のみならず私的な空間にも置かれました。

また、女性像の場合は個人の写実性だけでなく、髪型にその時代の流行が表れている点が特徴的です。現代人から見たらユニークな髪型もあり、その異様さが際立つものもあります。また、顔は写実的で明らかに個人を表しているのに対し、体が裸の場合は、そのポーズからして、ローマ人にとって重要な女神ウェヌスの姿にならっていると見なします。

後世に影響を与えたローマの大規模建築

また、ローマ美術の特徴としてスケールの大きい大規模な公共建築があげられます。たとえば、現在のイタリアの首都ローマを象徴する建物のひとつとして、80年に

左：老人の皺までを表現したローマの肖像彫刻、右：ユニークな髪型が目を引くローマの女性像
©shakko（左）、©Tetraktys（右）

完成した円形闘技場コロッセオがあります。5万人ほどを収容できたコロッセオは、剣闘士試合や時に公開処刑など、見世物（スペクタクルム）で大衆の心を捉える人心操作のために建てられました。

この古代ローマ最大の建造物は、ユリウス・クラウディウス朝断絶後にフラウィウス朝を創始したウェスパシアヌス帝（在位：69～79年）による、ローマ市民たちに対する政治的プロパガンダであり、いわゆる「パンとサーカス」政策のサーカスの部分の会場だったのです。

そのほかにも、テルマエ（公共浴場）が有名です。公共浴場と言っても日本の銭湯のようなものではなく、運動場も兼ね備えた、いわゆるヘルスセンター的な一大社交場でした。音楽や演劇などの娯楽施設も備えていたのです。現在、イタリアの博物館が誇る至宝の数々の中には、公共浴場で人々の「娯楽」のために展示されていた彫刻が少なくありません。公共浴場にも名品が飾られていたことからも、ローマ人の豪奢《ごうしゃ》な生活ぶりがわかります。

また、広大な帝国領土内における神殿建築やフォルム（公共広場）、そして後にキリスト教の教会建築の基礎ともなるバシリカ（集会施設）など、多くの建築が生まれました。このような公共の場所を飾りたてるためにも、ローマでは大量の美術品やそのコピーが作られたのでした。

そして、この大規模建築を可能にしたのが、ローマ建築の特徴のひとつであるローマン・コンクリートです。セメントと砂利、もしくは粗石を混ぜたローマン・コンクリートは、強度があり柔軟性に富んでいたことに加え、切り石に比べて安価だったことからも、多くの建築の実現に寄与しました。

また、ローマの建造物を代表するものとして、軍事的勝利を記念して造られた凱旋門があります。1836年に完成したパリのエトワール凱旋門も、皇帝となったナポレオン（在位：1804～15年）が自身の地位をローマ皇帝になぞらえ、ローマ帝国の凱旋門をモデルに建てさせたものです。ナポレオンの第一帝政時代には、古代ローマ風のモチーフを取り入れた家具や室内装飾である「帝政様式（アンピール）」も流行しました。

また、ローマ建築にはギリシャでは見られない半円アーチが目立ちますが、半円アーチ自体はエトルリア人の技術です。

古代ローマの代表的な建造物である凱旋門 ©Alexander Z.

このイタリア土着の半円アーチとギリシャ建築の影響を受けたドリス、イオニア、コリント式のオーダー（円柱）が融合された折衷様式がローマ建築の特徴なのです。
ちなみに、この3つのオーダーはルネサンス時代に「再生」され復興します。そして、それらにトスカーナ、コンポジット式の2つを足した5つのオーダーが、西洋建築の絶対的な美の様式として継承され、古典的な西洋建築における必須の要素として取り入れられていきました。とくに、ハドリアヌス帝（在位：117〜138年）が再建させ、128年に完成したローマの「パンテオン」は、ルネサンス以降の西洋建築に多大な影響を与え

ルネサンス以降の西洋建築に多大な影響を与えたパンテオン

ました。サン・ピエトロ大聖堂、ロンドンのセント・ポール寺院、パリの旧廃兵院やパンテオン、そしてアメリカ合衆国議会議事堂など、西洋建築に見られるドームの源流となった建物です。

したがって、このパンテオンはアテネのパルテノンと並ぶ古典的建築と言えます。

ローマ帝国の衰退と キリスト教美術の芽生え

栄華を誇ったローマ帝国も滅亡の兆しが見え始めます。異民族の侵入が繰り返され、内乱など広大な領土の統治の困難さもあり、286年にはディオクレティアヌス帝（在位：284～305年）が帝国を東西に二分します。そして、293年には2つに分けた帝国をさらに二分し、それぞれに正帝と副帝を置いた四分統治体制（テトラルキア）を導入しました。

これを記念して制作された「テトラルキア像」は、ローマ美術特有の写実主義から抽象的な象徴主義[※4]への移行を感じさせます。この新しい表現は、後に初期キリスト教美術へと継承されていきます。

当時はまだ異教とされていたキリスト教を弾圧したディオクレティアヌスでしたが、その死後、東方正帝リキニウス（在位：308〜324年）と西方正帝コンスタンティヌス1世（在位：306〜337年）は、キリスト教を帝国統治に利用するために、313年に「ミラノ勅令」[※5]を発布します。結果、帝国内で異教として弾圧されてきたキリスト教はついに公認され、信仰の自由が認められたのです。

その後、リキニウスに勝利したコンスタンティヌス1世がローマ帝国の単独皇帝となり、330年には、異教的な伝統が強いローマから、ビュザンティオンに遷都します。そして、徐々に異教的な美術に取って代わり、初期キリスト教美術が発展していくことになるのです。

ローマ帝国の四分統治体制を記念して作られたテトラルキア像
©Nino Barbieri

そして、392年にキリスト教がローマ帝国で国教化すると、キリスト教以外の宗教は「異教」として排斥され、ギリシャ・ローマの神々同様にギリシャ・ローマ芸術は一旦幕を降ろします。帝政末期のローマ美術は写実主義から象徴主義へと移行しており、その影響を受けた初期キリスト教美術の時代が開花していきました。

※2　ネルヴァ帝、トラヤヌス帝、ハドリアヌス帝、アントニヌス・ピウス帝、マルクス・アウレリウス・アントニヌス帝の5人が皇帝を務めた約100年間のこと。このとき、ローマの政局は安定し、ローマ帝国の領土は最大となった

※3　前27～180年に、ローマの支配下で実現された平和を「ローマの平和（Pax Romana）」という。この頃の地中海近郊では、とくに大きな戦争は起きなかった

※4　外面的なありのままの姿を写実的に描写するのではなく、内面的な世界を表現する立場

※5　コンスタンティヌス1世とリキニウスが連名で出した、全帝国市民に「信仰の自由」を認める勅令

■キリスト教国教化までのローマの歩み

西暦	出来事
BC753年	ローマ建国（伝説に基づく）
BC509年	共和制を樹立
BC270年	イタリア全土がローマ帝国支配下に
BC146年	ギリシャがローマの支配下に
BC30年	エジプトがローマの属州に
96年	五賢帝時代が始まる
286年	ディオクレティアヌス帝がローマ帝国を東西に二分
293年	四分統治体制の導入
313年	ミラノ勅令の発布
392年	ローマ帝国でキリスト教が国教化

宗教美術、ロマネスク

キリスト教社会がやってきた

「目で読む聖書」としての宗教美術の発達

キリスト教が人々の生活すべてを支配した世界、それが中世ヨーロッパの社会でした。朝は教会の鐘とともに一日が始まり、安息日には教会に出かけて神に祈りを捧げる――。教会は祈りの場だけでなく集会所の役割も果たし、商取引や裁判の場所でもありました。

しかし、392年にキリスト教がローマ帝国で国教化されて以降、西ヨーロッパですぐに統一的なキリスト教社会が確立したわけではありません。

キリスト教が国教化された後、5世紀に、後の五大総主教区になる5つの主要本山

「ローマ教会」「コンスタンティノープル教会」「アンティオキア教会」「エルサレム教会」「アレクサンドリア教会」が生まれました。西ヨーロッパでキリスト教が広まっていった背景には、そのうちのローマ教会の思惑とフランク王国が結びついたことがあります。

フランク王国とは、5~9世紀に西ヨーロッパを支配したゲルマン人の王国です。フランク王国の繁栄は、初期のメロヴィング朝時代、そして後期のカロリング朝時代に分別できます。

フランク王国メロヴィング朝の初代国王となったのがクロヴィス1世(在位:481~511年)です。彼の妻がキリスト教徒だったこともあり、彼もまた、496年にキリスト教の洗礼を受け改宗します。ローマ教会は王をキリスト教徒にすることで、西ヨーロッパ中に大領土を持つフランク王国内で、容易に布教ができたのです。

■フランク王国の歴史

西暦	出来事
476年	ゲルマン人により西ローマ帝国が滅亡
481年	クロヴィス1世によりメロヴィング朝が成立
486年	クロヴィス1世が西ローマ帝国の跡地にフランク王国を建国
751年	ピピン3世がメロヴィング朝の最後の王を廃し、カロリング朝が成立
843年	ヴェルダン条約により、フランク王国は東西中に三分される
911年	東フランク王国・カロリング朝が断絶
987年	西フランク王国が断絶

ちなみに、キリスト教は元々ユダヤ教徒のナザレのイエスによって始まった宗教改革運動であり、ユダヤ教から発生した宗教です。つまり、イエス自身も、そして彼の追従者たちも、元々はユダヤ教徒だったのです。彼ら追従者たちと他のユダヤ教徒との違いは、彼らにとっての救世主がイエスであるということで、「救世主（キリスト）＝イエス」がキリスト教の絶対的な宗教原理です。

そのため、キリスト教が国際宗教へと発展していった際も、ユダヤ教徒の聖典が旧約聖書として共有されていましたが、旧約聖書では神の顔を見ることは禁じられていたため、本来ならユダヤ教同様にキリスト教も偶像崇拝を避けるために宗教美術が発展するはずがありませんでした。

聖堂内に飾られた宗教美術（ケルン大聖堂「ゲロ大司教の十字架」970年頃）©Elya

しかし、文明的に後進圏だったアルプス以北のヨーロッパにおいて、読み書きができない人々にキリスト教の教えを伝えるために、旧約・新約聖書の物語を絵で表した「目で読む聖書」としての宗教美術が肯定され重要となります。聖堂内には、旧約・新約聖書、そして使徒たちの物語など、キリスト教の教えを伝えるための宗教美術が飾られていったのです。

キリスト教最大の教派「ローマ教会」が発展できたワケ

クロヴィス1世以降、2世紀以上にわたって続いたメロヴィング朝ですが、その後、宮宰カール・マルテル（688頃〜741年）が実権を握ります。そして、カールの息子ピピン3世（在位：751〜768年）がメロヴィング朝の最後の王を廃し、自らがフランク王国の王となって以降、カロリング朝時代に入ります。

そして、ピピン3世はその正統性を明らかにするためにローマ教皇と手を結びます。754年には、ローマ教皇ステファヌス3（2）世（在位：752〜757年）がパリまで赴き、サン＝ドニの聖堂でピピン3世と妻、そして子どもたちを聖別[※6]しました。聖別によって「主より油を注がれた」と宣言され、カロリング朝の王位継承の正統性が示されたのです。

さらに800年には、ピピン3世の息子シャルルマーニュ（在位：768〜814年）をローマにて「（西）ローマ皇帝」として戴冠させ、その正統性を帝冠によっても権威づけたのでした。

こうして王権とローマ教会は密接なつながりを持つようになり、西ヨーロッパにおけるキリスト教化（カトリック化）はさらに進んでいったのです。

修道院の隆盛によるロマネスクの誕生

しかしシャルルマーニュの死後、フランク王国は分裂していき、北ヨーロッパは混乱の時代へと突入してしまいます。

その結果、キリスト教の修道僧たちは街から離れた場所に修道院を建てるようになりました。そしてこの修道院が、キリスト教文化の新たな発信地へとなっていくのです。

そこで発達したのが、修道院や教会のための様式である「ロマネスク」です。美術史で「ロマネスク」と呼ばれるものは、おおむね11世紀後半から13世紀前後までの建築・美術を指します。

最初のミレニアムだった西暦1000年を過ぎると、教会建築は木造から、より費用がかかる神の家に相応しい石造りのロマネスク様式へと改築されていきました。天井も木造から石造になり、その穹窿《きゅうりゅう》（弓形の曲面天井）の重量を支えるために建物の壁は分厚く造られます。このように壁が厚いため、ロマネスク様式の聖堂は窓を大きく取ることができませんでした。

また、ロマネスク様式の聖堂建築は、ノルマンディー、ブルゴーニュ、南フランス、イングランドなど、それぞれの地方ごとに特有の様式が発展しました。しかし、共通点もあり、それが「半円」です。この特徴が、長年にわたりロマネスクとゴシック様式の違いを見分ける簡単なポイントとされてきました。アーチがとがっている場合はゴシック様式の尖頭アーチであり、古代ローマ建築の特徴である半円アーチの場合はローマ風を意味する「ロマネスク」様式と見なされます。

左：ロマネスク様式で造られたサン・フィリベール聖堂（11世紀初頭〜12世紀中頃）、
右：ロマネスク様式の特徴である「半円アーチ」
©Morburre（左）、©He 3nry（右）

また、キリスト教の公認以降、モーセの十戒の「偶像崇拝の禁止」から三次元的な彫刻は避けられる傾向があり、初期はモザイクや壁画が聖堂を飾っていましたが、ロマネスク・ゴシック期以降は徐々に彫刻も制作されるようになります。

ロマネスク様式の彫刻の特徴として、ゴシックのものと比べると精巧でありながらも、やや稚拙で、見るものの感覚（すなわち信仰心）に強く訴えるよう、おどろおどろしく大袈裟なものが多いことがあげられます。字が読めない中世の人々の心にも訴えられる

ロマネスク期に作られた彫刻（オータン大聖堂「ユダの首つり」）
©Cancre

ように制作されていたのです。そのため、写実的な表現ではなく、わかりやすく躍動感がある空想力に満ちた幻想的な描写が見られます。

巡礼ブームで進んだ都市化と「ゴシック美術」の芽生え

この修道院を中心としたロマネスク様式発展の背景には、人々の「終末」への強い意識もありました。西暦1000年の「終末」を迎えるにあたり、民衆は世紀末を信じ「死」と「最後の審判」を強く意識しました。終末（死）を意識し、地獄へ行くことへの恐怖が高まることにより信仰への熱情が生まれ、より一層キリスト教に帰依していったのです。

その結果、11世紀以降に盛んになったのが巡礼地への旅でした。宗教的熱情にかられ、騎士や貴婦人のみならず、農民たちも巡礼杖を手にして巡礼の旅に出かけていきました。かつて人々が、いかに神中心の世界に生きていたかがわかります。

そして、その巡礼路には多数の修道院が造られました。巡礼の道筋の多くの修道院には礼拝堂だけでなく宿泊所もあり、修道院は交通の要所ともなりました。結果、定期市が立つなど経済も発展し、街（都市）が生まれてくることになります。

巡礼ブームの背景には、11世紀末以降、聖地エルサレムやイスラム教諸国への十字軍遠征によって、多くの聖遺物（キリストや聖母、聖人らの遺骸やその一部、そしてゆかりの品々。ただし、キリストと聖母は天国に昇天しているので遺骸はない）がヨーロッパへもたらされたこともありました。

聖遺物入れに収められたそれらに触れたりキスをすることで願いがかなうと信じられていたため、聖遺物が収められている場所への巡礼地巡りが盛んになったのです。聖遺物を専門に扱う商人もいたくらいでした。

そして12世紀以降には、この聖遺物崇拝がとくに強くなり、聖遺物が収められている聖堂建築が活性化しました。有名な聖遺物を所有する聖堂には巡礼者など多くの人々が集まり、定期市も開かれることによって、その聖堂の知名度だけでなく収入も増したのです。何らかの聖遺物を所有していない聖堂など当時はありませんでした。

こうした巡礼による都市の発展により、宗教美術もまた洗練されていきます。そして、同じ宗教美術でも地方の修道院のものであったロマネスクとは違う、ゴシック美術が生まれてくることになるのです。

※6　聖なるものとして、他のものと区別すること

COLUMN

キリスト教公認以前のキリスト教美術

実は、313年のミラノ勅令によってキリスト教が公認される以前、まだ弾圧を受けていた時代にも「キリスト教美術」と呼ばれるものがありました。それらは地下の共同墓地（カタコンベ）や石棺など葬礼美術に例を見ることができます。

たとえば、カタコンベの壁面や天井を飾っていたフレスコ画には、「羊飼い」の図像が描かれています。これは、元々、ローマの葬礼美術として描かれていた死後の永遠の生命への願いとしての羊飼いや牧歌的（アルカディア的）風景を、キリストが自らのことを善い羊飼

左：「善き羊飼い」のフレスコ画、右：キリストのシンボル「魚」が描かれた壁面

いと見なしたことから「善き羊飼い」として見立て、キリスト教的イメージに借用したものです。

こうした借用以外で、キリスト教独自のイメージも描かれています。たとえば、キリストを象徴する「魚」です。魚がキリストを象徴するのは、「イエス・キリスト、神の子、救世主」の頭文字を組み合わせると魚（ギリシャ語で「イクテュス」）となり、キリスト教が公認されるまでは、魚の図像がキリスト教徒の隠れシンボルとなっていたからです。このように、キリスト教公認以前にも、多数の宗教美術が存在していたのでした。

フランス王家の思惑と新たな「神の家」

ゴシック美術

ゴシック様式に隠された政治的メッセージとは？

フランク王国カロリング朝の最後の王ルイ5世が死去した後、ユーグ・カペーが新たに国王となります。このカペー朝が成立して以降、フランク王国は「フランス王国」と呼ばれるようになり、現在のフランスへと発展していきました。

フランスの地を統治したフランクの王たち、そして10世紀以降のフランス王家の墓所であるのが、パリ郊外にあるサン＝ドニ大聖堂（当時は修道院付属聖堂）です。フランスの守護聖人であるサン＝ドニを祀ったこの聖堂は、フランスにとって特別な地位を占める聖堂なのです。

そして、このサン＝ドニ修道院長となったのがシュジェール（1081頃～1151年）です。シュジェールは、10歳の頃からこの修道院で過ごし、ここで出会ったフランス王ルイ6世（在位：1108～37年）とは幼少期からの学友でした。そして、ルイ6世およびその息子ルイ7世（在位：1137～80年）の二代にわたって政治顧問を務めます。

さらに、ルイ7世が1147年に第二次十字軍遠征に参加した際には、不在となる王に代わって摂政を務め、王からは「祖国の父」の称号で呼ばれました。当時の高位聖職者は王侯出身者が少なくない中、まさに立身出世を遂げた人物がシュジェールだったのです。

シュジェールは、1136年にサン＝ドニ修道院の聖堂の建て替えに着手します。そして1144年6月11日、シュジェールが献堂式で披露した聖堂は、それまでのロマネスク様式とはずいぶん様子が違うものでした。これが、ゴシック様式誕生の瞬間です。後にルネサンス時代のイタリア人が、軽蔑の意味を込めて「野蛮人（Goth／ゴート族）の様式」と呼んだことで生まれた不名誉な名称が「ゴシック」ですが、ゴシック様式は、それを抜きに西洋の建築を語ることができないほど重要な様式でもあります。

シュジェールの建築プロジェクトの背景には、当時のフランス王家が抱えるフランスの複雑な政治状況がありました。この頃のフランスは地方の諸侯の力が強く、987年以降、フランス王に即位したカペー朝（フランス王家）が直接統治する地域は、ほぼイル＝ド＝フランス（現在のパリを中心とした狭い地域）だけでした。そこでフランス王家と教会（シュジェール）が協力し、各地の司教たちを国王の味方に付けることによって、司教座[※7]のある諸都市もフランス王側に付かせようとたくらんだのです。

そのために考えられたのがゴシック様式でした。フランス王の家臣たちの支配下にある地域の各建築の特徴を総合したゴシック様式の聖堂を、フランス王の直接統治下にない地域にも広げることによって、フランス王の威信と権力を知らしめようとしたのです。ゴシック様式は、それだけメッセージ性の強い建築様式でした。

そうした政治的意図に加え、都市への人口集中もまた、大聖堂のゴシック様式への建て替えを推し進めました。10世紀以降の農業改革とそれに伴う商人と職人の台頭、そして商業の発展によって、12世紀にもなると人口が都市に集中するようになります。農業改革によって農村部において過剰人口が発生し、彼らが職人として生計を立てるためにより人口の多い地域に移住したのです。結果、都市の全人口を収容することができるよう、現在私たちがゴシック様式と呼ぶ巨大な大聖堂への建て替え工事が、政治的意図も背景にしながら進んでいきました。

ただし都市と言っても、現在の私たちが思う「都市」を想像してはいけません。たとえば、ステンドグラスで有名な大聖堂を誇るシャルトルで人口6千人ほど、フランス最大級の大聖堂を誇るアミアンの人口ですら1万人ほどの「都市」だったのです。

「光＝神」という絶対的な価値観

ゴシック様式の大聖堂は、民衆の意識を地上から天上へと促し、宗教的高揚感を高める効果がありました。外観で圧倒的な高さを強調するだけでなく、教会内部に入っても支柱や尖頭アーチ、そして天井の交差リブ穹窿が上昇感覚を高めます。

また、天井の重量を、それまでの壁面ではなく支柱と外部からのフライング・バットレスで支えることにより壁を薄くすることができました。そのため壁を大きくくりぬくことができるようになり、くりぬいた部分には美しく彩色されたステンドグラスをはめ込んだのです。ゴシック美術の代名詞であるステンドグラスです。彫刻も含め、建築と美術が一体化しているのがゴシック美術の特徴なのです。

ステンドグラスは文字が読めない人々にキリスト教の教えを伝えると同時に、窓から取り入れられる光をより美しく効果的に演出しました。「光」はキリスト教徒にとって「神」であり、ゴシック建築では視覚的に神の存在を意識することができたのです。天候によって変化するステンドグラスの輝きは、当時の人々にとってまさに神の神秘を表していました。

現代人がゴシック大聖堂の美の概念を理解するためには、この「神は光である」ということが、神中心の宗教的な世界に生きていた当時の人々にとって「真実」であったことを念頭に置くことが大切です。サン・ピエトロ大聖堂など例外もありますが、基本的に聖堂は西に正面があり、祭壇がある内陣が東に配置されるのも、東は聖地エルサレムの方向であるとともに、太陽（神＝光）が昇る方角であるからとされています。

ゴシック建築として有名なシャルトル大聖堂
©Atlant

ステンドグラスの特徴として、シャルトル大聖堂やパリのサント・シャペルなど古いものほど色彩が濃く、宝石のサファイアやルビーなどを彷彿《ほうふつ》とさせます。これは、当時の人々は内部から輝く宝石の光を神の光に近い高貴なものと見なしていたからです。キリスト教徒にとっての宝石や金は、天国（天上のエルサレム）における建築資材でもありました。

また、かつて色彩は富の象徴でもあったため、中世からゴシック時代にかけての彫刻は人形のように鮮やかに彩色されていました。現在は色が抜け落ちてしまっているだけなのです。大聖堂の扉口を飾る彫刻群が鮮やかに彩色されていたことを考えると、現在私たちが目にするイメージとはずいぶんと違ってくるはずです。西洋美術で彫刻に彩色しなくなるのは、この後のルネサンス期以降のことなのでした。

大聖堂建立ブームの終焉と「国際ゴシック様式」の発展

こうした特徴を持つ、新しく生まれた「神の家」に人々は魅了されていきます。壮麗で巨大な大聖堂への憧憬《しょうけい》が、既存の古い教会堂を取り壊し、新たに大聖堂を再建させる「ゴシック大聖堂建設競争」に拍車をかけました。ブームの背景には、現在の都市でも見られる建造物の高さ競争の心理も働きました。

しかし、その高さ競争も13世紀半ばには技術の限界から終わりを告げ、装飾性を強調したゴシック建築が発展していくことになります。その代表的なゴシック建築が、宮廷礼拝堂サント・シャペルです。聖王ルイ9世（在位：1226〜70年）が、キリストが被らされたとされる茨《いばら》の冠を聖遺物として収めるために、シテ島にあった王宮内の既存の礼拝堂を取り壊して建て替えたものです。床から天井まで一面を覆ったステンドグラスにより、まるで礼拝堂そのものが巨大な聖遺物入れのようで、盛期ゴシック期特有の強調された装飾性がうかがえます。

ちなみにこの聖遺物は、1204年に第四次十字軍がビザンティン帝国コンスタンティノープルの宮廷礼拝堂から略奪したもので、その後にそれを所有していたラテン帝国の皇帝から購入したものです。その取引額は、なんと当時のフランスの国家予算の半額以上だったといいます。

それを収めるためのサント・シャペル自体も豪華極まりない礼拝堂ですが、その建築費は茨の冠に支払った金額の3分の1以下だったようです。ここからも、当時の人々の聖遺物に対する価値観をうかがい知ることができます。

宮廷礼拝堂サント・シャペルの内観。一面がステンドグラスで覆われている
©Didier B

こうした大聖堂建立ブームは、14世紀に入ると百年戦争※8やペスト

の流行などで衰退していきます。

一方で、フランスの王侯たちによる芸術庇護《ひご》は続きます。その結果、大聖堂に代わり城館建造が盛んになります。本来は宗教建築に採用されたゴシック様式が、世俗的な建築にも採用されるようになったのです。さらに、城館建造が盛んになったことによって、絵画や彫刻、タピスリー（つづれ織り）などの装飾美術が発達していったのでした。

そして、絵画の世界では14世紀後半から15世紀前半にかけて、北方の伝統とイタリアの伝統が融合された「国際ゴシック様式」が展開されるようになります。

「国際」と名がつくのは、さまざまな国の交流の中で生まれてきた様式だからです。12世紀以降、大聖堂などの建築プロジェクトのために、建築家だけでなく彫刻家や石切り職人、ステンドグラス職人、ブロンズ鋳造職人、金銀細工師などが各地から集められ、彼らはヨーロッパ中を移動し活動しました。そのような当時のヨーロッパ人の往来の影響が、祭壇画などの板絵や彩飾写本にも表れるようになってきたのです。さらに国際ゴシック様式は、フランス、イタリア、ドイツ、フランドルなどヨーロッパ各地に広まり互いに影響し合いました。

国際ゴシック様式では、写実主義をベースとした細密な描写が特徴的で、装飾的であり幻想的、そして繊細で優美な宮廷趣味が漂っています。さらに国際ゴシック様式では、天上の楽園ではなく人々が生きている地上の世界、すなわち自然世界が注目され、神の世界から現世へと人々の視線・意識が移行したことがうかがえるのです。この後に発展する、より一層「人間的」なルネサンス芸術の息吹が感じられます。

この国際ゴシック様式の代表的な彩飾写本として、ランブール三兄弟がベリー公ジャンのために制作した「ベリー公のいとも豪華なる時祷書《じとうしょ》」があります。これは世界一美しい本として知られ、美術史の学生が必ず学ぶ作品でもあるのです。

時祷書とは、祈祷文、詩編、教会暦、そして挿絵で構成された、聖職者ではない一般キリスト教徒用の聖務日課書です。ちなみに、聖務日課とは一日を時間割りにして唱える祈りを指します。英語の「book of hours（時祷書）」のほうが、その言葉の意味と用途・目的が理解しやすいかもしれません。

「ベリー公のいとも豪華なる時祷書」にある「12か月の月暦画」の10月の頁。当時のルーヴル城の姿を見ることができる

「ベリー公のいとも豪華なる時祷書」の中では、雅やかな宮廷生活と世俗性の強い自然界の営みを描いた「12か月の月暦画」が有名です。その10月の頁では、当時は畑だったルーヴルの対岸での穀物の

種まきの光景、そしてセーヌ川を挟んだ背景には当時のルーヴル城が描かれています。

現在、シャルル5世が改築させたルーヴルの城館は、16世紀以降の改築のため現存していませんが、この月暦画によって、私たちはその華麗な姿を知ることができるのです。フランス王家の象徴的建造物であるサント・シャペルも、その美しい薔薇窓とともに6月の頁を飾っています。

ちなみに、これらが制作された当時は百年戦争の最中でした。それにもかかわらず、このような高価な彩飾写本を制作させるなど、王侯たちは大変贅沢な生活を維持していたことがわかります。


このようにしてゴシック美術を発展させてきたフランスですが、その後のフランスの美術の発展は、百年戦争の影響から16世紀まで待たなくてはなりません。15世紀は、都市経済が発展した隣国のブルゴーニュ公国とイタリアにおいて芸術の花が咲き誇ることになります。そう、「ルネサンス」の幕開けです。

※7 大聖堂内にある司教の椅子のこと。つまり、その教会に司教が配されていることを意味する。地域ごとに分割した区域にそれぞれ司教が配されていたが、司教が配されている大聖堂は、その教区の中心の聖堂であった
※8 14世紀中頃から約100年にわたって断続的に続いたイギリスとフランスの戦争

第2部

絵画に表れるヨーロッパ都市経済の発展

ルネサンスの始まり、そして絵画の時代へ

ルネサンス

西洋絵画の古典となった3人の巨匠

「再生」を果たした古代の美

カロリング朝時代に貿易が途絶えて後退したヨーロッパの経済は、11～12世紀に再び遠隔地貿易が盛んになったことで復活します。この商業の復活により都市の市民文化が成長したことが、新たな芸術の息吹を生むことになります。それが、14世紀のイタリアで興り、16世紀まで続いた「ルネサンス（renaissance）」です。

ルネサンスとは、「再生」を意味する言葉です。キリスト教が国教化されて以来、ヨーロッパで否定されるようになった「古代ギリシャ・ローマ」の学問と芸術の再生を意味しています。

13世紀以降、都市経済が発展したイタリアでは文明も向上し、とくに14世紀以降は、イタリアの知識人たちが、ラテンおよびその源流であるギリシャの学問、文学に多大な関心を寄せるようになりました。人文学者たちの研究により、古代文明やその学問、そしてギリシャ文化の影響を大きく受けたラテン文学がより一層理解されるようになっていったのです。そしてヨーロッパでは、ラテン語による文学（古典文学＝Classics）の教養を身につけることが重要視され、古代ローマの詩人であるウェルギリウスの「アエネーイス」やオウィディウスの「変身物語」などの神話文学は、ある一定の階級以上の人たちにとって必須の教養となっていきました。

結果、ルネサンス期以降の美術はキリスト教だけではなく神話も主題となっていき、ラテン文学の知識を駆使したジャンルの中でも最も格が高い「寓意画《ぐういが》」※9も生まれてきます。そして、発掘された古代美術も、美の規範として収集され「再生」を果たしていくのです。

商業の発展に伴い台頭した商人階級も、その振興に大きく貢献しました。彼らや彼らが属する同業者組合（ギルド）が芸術の庇護者（支援者）となったのです。また、当時のイタリアには、フィレンツェやヴェネツィアのような共和国だけでなく君主国もありましたが、経済の発展は当然その地の領主たちも潤し、彼らの宮廷は文化人や画家・彫刻家たちを庇護する場所になっていきました。

神の子としての中世の磔刑図（左）と、人間的な悲しみや苦しみが表れている14世紀頃の磔刑図（右）

ルネサンス時代の特徴として「人間」の地位向上とその尊重があります。小都市国家がひしめくイタリアでは、自国の自由・独立に対する強い意識があり、不安定な政情から生じた市民たちの危機意識が、「個人」という意識を目覚めさせます。中世以降、神と宗教がすべての中心だった時代から、再び古代ギリシャ・ローマのように「人間」という存在を強く意識する時代が再生されたのです。

こうして、絶対的な神に対して人間の独立が始まり、人間中心の視線というものが表出していくようになります。

たとえば、中世の磔刑《たっけい》図においては、伝統的に目を輝かせイキイキとした抽象的なキリスト像があります。これは磔刑を礼賛していわけではなく、「死に対して勝利」したキリストの姿を表していたのです。すなわち、人間ではなく神の子としてのキリスト像です。

しかし、14世紀を迎えるあたりから、人間としての悲しみや苦しみを全体的に表した磔刑図が描かれるようになります。聖母子を描いた祭壇画においても、聖母子のみならず本来は人間ではない天使でさえ、伝統的な無表情な姿ではなく、人間的なやわらかみが感じられる表現へと変化していきました。

ジョットが描いたスクロヴェーニ礼拝堂の一連の壁画にある「ユダの接吻」(1304〜06年)

そして、ルネサンス美術の先駆者とも言えるジョット・ディ・ボンドーネ（1267頃〜1337年）が美術史に登場することによって西洋絵画が一変されます。ジョットによるスクロヴェーニ礼拝堂の一連の壁画は、美術史上最も重要な作品のひとつです。当時としては異例の彫刻的なボリューム感のある人物像や、そのパワフルで演劇的な身振りと感情表現は、それまでの伝統的な宗教美術とは対照的で実物的な「人間性」を表現していました。これは当時の人々にとって、とても「現代的」な表現だったのです。

レオナルド・ダ・ヴィンチは軍事技術者だった!?

１３４８年のペストの大流行により、イタリアで開花し始めた美術史の流れは、一旦止まってしまいます。

しかし、再び15世紀、イタリア人が愛着を込めてクァトロチェントと呼ぶ時代に、フィレンツェを中心として新たな建築、彫刻、絵画における芸術的な動きが興ります。ここで起きたのは、画家や彫刻家といった「美術家」の地位の昇華です。美術家は、労働者的な職人という社会的地位から、文化人貴族的な地位へと徐々にその地位を向上させていきます。

そして、絵や彫刻が上手なだけなのは職人であり、神のように万能の人となって初めて芸術家と見なされるようになるのです。

たとえば、レオナルド・ダ・ヴィンチ（１４５２〜１５１９年）は、履歴書で自分のことを軍事技術者と称し、ついでのように彫刻と絵画の技量を記していました。そして、そのレオナルドを尊敬していたラファエロ・サンティ（１４８３〜１５２０年）

も、本人は西洋絵画における絶対的な古典（規範＝お手本）となりますが、レオナルドと同様に画家としてだけではなく建築家として活躍するなど、万能人としての側面がありました。また、同じ盛期ルネサンス三大巨匠のミケランジェロ・ブオナローティ（1475～1564年）も、彫刻家、画家、建築家、そして現代的に呼べば空間デザイナーとしてなど、八面六臂《はちめんろっぴ》の活躍をしています。

つまり、その人物の精神や知性が反映された作品が、「商品」ではなく「芸術品」と見なされるようになるのです。16世紀以降、イタリアでの芸術修業が必須となるようになって以来、この概念が徐々にイタリア以外のヨーロッパ諸国でも広がっていきました。

そして、この芸術家に対する熱狂の頂点となったのが、レオナルド、ミケランジェロ、そしてラファエロの3人が活動し、ルネサンス時代の頂点と見なされる盛期ルネサンス時代（約1495～1527年）でした。ミケランジェロは、当代一の人文主義者（知識人）たちが集っていたメディチ家[※10]により育てられます。当時最先端の知的サークルであるプラトン・アカデミーで知的な会話や議論に囲まれながら英才教育を受け、その思春期を過ごしたのです。

職人から芸術家へと地位が向上したことを象徴するミケランジェロの作品が、教皇ユリウス2世の命により描いたシスティーナ礼拝堂の天井画です。創世記を主題にしたこの天井画ですが、当初の教皇の注文は12使徒を描くことでした。しかしミケランジェロ自身の判断で現在見られる構成となったのです。

そのこと自体、これまでの職人としての社会的地位では許されないことです。この天井画のハイライトとも言える「アダムの創造」の場面でも、聖書では「神がアダムに息を吹き込んで人間が誕生した」とあるところを、神とアダムの指先が触れようとしている構図で描いています。つまり、完成時に「神のごとしミケランジェロ」と称えられたように、描いた彼独自の解釈や見解が認められたわけであり、そのこと自体が職人ではなく芸術家としての地位が確立されたことの証でもありました。

父親も宮廷画家だったラファエロは、三大巨匠の中では最も社交的で風采の好い人物だったため、宮廷人としても一流の要素を持ち合わせていました。そのため、1508年にユリウス2世にローマに招聘《しょうへい》されて以降、二代の教皇に仕え、ローマで大工房を運営し、三大巨匠の中で最も短命だったにもかかわらず、大量の作品を残しました。

レオナルドより31歳も年下で、ミケランジェロよりも8歳若いラファエロは、構図や陰影法など、先輩二人の生み出した様式や技法を完全に自分に取り入れ完成させま

システィーナ礼拝堂の天井画の一部「アダムの創造」(1511年頃)。神とアダムの指先が触れようとしている

した。そして、このラファエロの様式がその後の西洋絵画の行く道を決定づけます。ラファエロの作品が、西洋における絵画の古典(規範・手本)となっていったのです。

その反面、現在では人気のあるボッティチェッリ(1445〜1510年)や、彼が師事し、当時としては革新的に当世風な美女として聖母を描いたフィリッポ・リッピ(1406〜69年)、そしてミケランジェロが最初に師事したドメニコ・ギルランダイオ(1449〜94年)など、「フィレンツェ派」のクァトロチェントの巨匠たちは、芸術家ではなく「職人の技」として忘れられた存在となってしまいます。

彼らの作品に再びスポットが当たるのは、古典主義至上主義に反旗を翻す画家たちが現れる19世紀半ばまで待たなくてはなりません。

宗教改革による盛期ルネサンスの終焉

1517年にドイツでマルティン・ルターによる宗教改革が始まります。この宗教改革の嵐は、イングランド王ヘンリー8世がローマ教会から分離した英国国教会を誕生させるなど、ヨーロッパを席巻していきます。

こうして西ヨーロッパにおけるローマ教会（カトリック）の地位が脅かされるようになり、その動乱は17世紀まで続くヨーロッパ諸国を巻き込む戦乱へと拡大していきます。

そして、ローマ教会にさらなる打撃を与えたのが1527年に起こった歴史的惨事「ローマ劫掠《ごうりゃく》」でした。当時は教皇領だったローマで、神聖ローマ皇帝兼スペイン王であるカール5世の軍隊によって、ローマ市民たちは殺戮《さつりく》、暴力、強姦、略奪と9か月にもわたり暴虐の限りを尽くされたのです。当然、被害者の中には文化人や芸術家たちも含まれ、こうしてローマを中心に花開いた盛期ルネサンス時代に終止符が打たれることになりました。

そして16世紀のイタリアでは、ミケランジェロやラファエロによってピークを迎えたルネサンス美術以後、画家や彫刻家が独自の様式を追求した「マニエリスム」と呼ばれる様式が発展していきます。

ミケランジェロのシスティーナ礼拝堂の祭壇画も、天井画から二十数年も経ってから制作されたため、その様式は、天井画の盛期ルネサンスの古典主義ではなく、マニエリスム特有の混沌とした、当時の社会情勢から来る不安感を表す、見るものに不安気な印象を与える作風へと変貌していきます。

ミケランジェロが描いたシスティーナ礼拝堂の祭壇画「最後の審判」（1535〜41年）

マニエリスムの特徴として、とくに絵画においては画家の個性や特有の技法が強調されている点があります。本来は三大巨匠の美しい様式を模倣することを目的としていた芸術運動でしたが、それぞれの画家たち特有の様式美を生み出す結果となったのです。マニエリスムを代表する画家であるロッソ・フィオレンティーノ（１４９５頃〜１５４０年）やパルミジャニーノ（１５０３〜４０年）、そしてメディチ家のコジモ１世の宮廷画家だったアーニョロ・ブロンズィーノ（１５０３〜７２年）やジョルジョ・ヴァザーリ（１５１１〜７４年）らも、それぞれ独自の手法を展開させていきました。

当時の社会情勢から来るどこか不安な感じを受けるマニエリスムの絵画（ジョルジョ・ヴァザーリ「ゲッセマネの祈り」1570年頃）

そして16世紀のマニエリスム様式は、イタリア人が他国を訪れ滞在したり、また他国人がイタリアを訪れたことで、他のヨーロッパ諸国に「ルネサンス様式」として伝えられ、国際的にマニエリスムが興隆することとなります。

しかし、本場イタリアにおいては、トレント公会議（１５４

5〜63年に開催されたカトリック教会の公会議）による宗教美術改革により、わかりやすく厳粛な表現が宗教美術に求められることとなります。そして、装飾的で作為的な傾向が強いマニエリスムは、その勢いをなくしていくことになるのです。その結果、ルネサンス芸術は終焉を迎えたのでした。

※9　抽象的な概念や物語などを、具体的な物事に置き換えて表した絵画
※10　ルネサンス期のイタリア・フィレンツェで台頭した、銀行家、政治家の一族。その財力で、レオナルド・ダ・ヴィンチ、ミケランジェロをはじめ、多くの芸術家を庇護し、ルネサンス文化の陰の立役者となった。そのメディチ家に集まった人文主義者による私的サークルを「プラトン・アカデミー」という

の発展がもたらした

芸術のイノベーション

北方ルネサンス

レオナルド・ダ・ヴィンチにも影響を与えた革新的絵画

15世紀、イタリア・ルネサンスと時を同じくして、ネーデルラント（現在のオランダ、ベルギー、ルクセンブルク）やドイツなど、アルプス以北のヨーロッパでも新たな芸術の息吹が芽吹きました。同じ15世紀に開花したため、美術史では「北方ルネサンス」と称します。

北方ルネサンスが開花した頃のネーデルラントは、フランス・ヴァロワ家系のブルゴーニュ公国の一部を成していました。15世紀の北方ルネサンス美術に関しては、主

都市経済

にこのブルゴーニュ公国下のネーデルラントで生まれた絵画芸術「ネーデルラント絵画」を指します。ただし、「文芸復興」を意味する「ルネサンス」という名称は使われていますが、あくまでも聖書を中心とした世界観に則った、中世・ゴシック的な神中心の精神世界を継承しています。

15～16世紀のネーデルラントは、経済的・政治的、そして文化的にも、美術史だけでなくヨーロッパ史において大変重要な地です。ネーデルラントの中でも、とくにフランドル地方は北海・バルト海交易の拠点であり、その主要都市のひとつであった港町ブルッヘを中心に経済が発展します。また、毛織物産業を中心に商工業も発達し、ブリュッセルやヘントなど、他のフランドル地方の諸都市の経済も繁栄しました。都市経済が発達したことで、教会や

■ 15世紀のブルゴーニュ公国

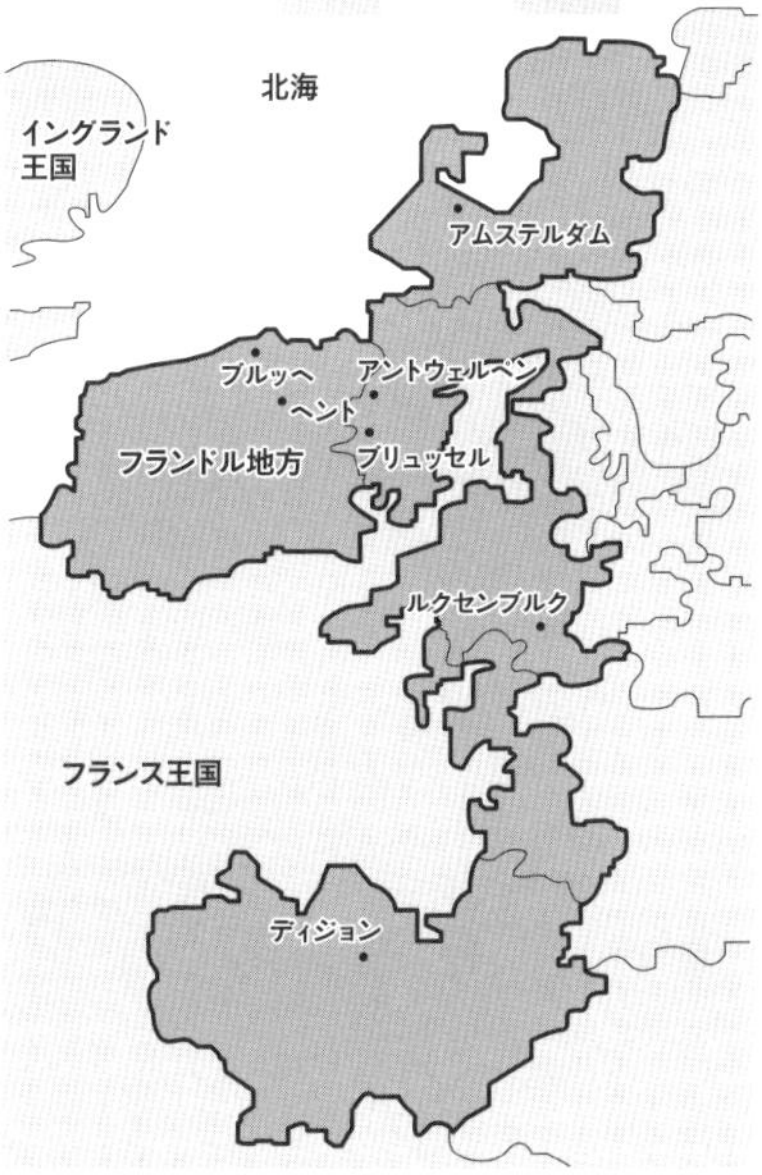

宗教関係者だけでなく、富裕な銀行家や商人など、市民階級も芸術の庇護者（注文主）になっていきます。

さらに、当時のブルゴーニュ公であったフィリップ善良公（在位：１４１９～６７年）は、公国の首都をディジョンからブリュッセルに移します。宮廷がフランドルに移ることにより、ネーデルラントにおける芸術・文化は、さらに発展していきました。こうして、フランドルを中心に初期ネーデルラント絵画の輝かしい軌跡が美術史に刻まれることになっていくのです。

初期ネーデルラント絵画の特徴として、当時の市民階級の家内に聖母と大天使ガブリエルを配するなど、とても「現実」を重視した意識が反映されています。

そして、それは写実性の高い室内描写にもつながり、シンボリズムが発展しました。世俗的な一般家庭を聖なる空間に仕立て上げるために、「白百合＝純潔」「水盤、タオル＝純潔」「ロウソクの火＝神」「犬＝貞節」といったシンボリズムが絵画芸術に浸透していきます。このような写実性の高い静物描写が、17世紀オランダの静物画発展の下地となったのです。

初期ネーデルラント絵画を代表する画家にヤン・ファン・エイク（１３９０頃～１４４１年）がいます。ファン・エイクは油彩画の技術を完成させた第一人者であり、

一般市民の家内に聖母を配した初期ネーデルラント絵画（ロベルト・カンピン「メロードの祭壇画」1425年～28年頃）

ロウソクの火や犬などのシンボリズムが読み解けるネーデルラント絵画（ヤン・ファン・エイク「アルノルフィーニ夫妻像」1434年）

最も早くに自分の作品にサインを記した画家としても知られています。

彼が遺した代表作であるヘントの祭壇画や「宰相ロランの聖母」などを見れば、本物のような宝冠や宝石、衣装の生地、室内のタイルなど、それぞれの質感まで丁寧に描き込まれていることがわかります。

また、ヘントの祭壇画では、15世紀のネーデルラント絵画としては異例なほど、アダムとエヴァも人間らしい肉体で描かれています。木々や草花など緻密に表現された自然に対する描写には、同じ聖書の世界を描いても、その世界観が、観念的で宗教的なものから、現世および自然界へと移行していることも表れています。

また、同時代のイタリア同様にネーデルラントでも肖像画が大きく発達しました。諸都市が経済的に発展したため、王侯貴族や裕福な市民階級のための「個人」という新しい時代の精神を反映させた芸術（肖像画）が生まれたのです。

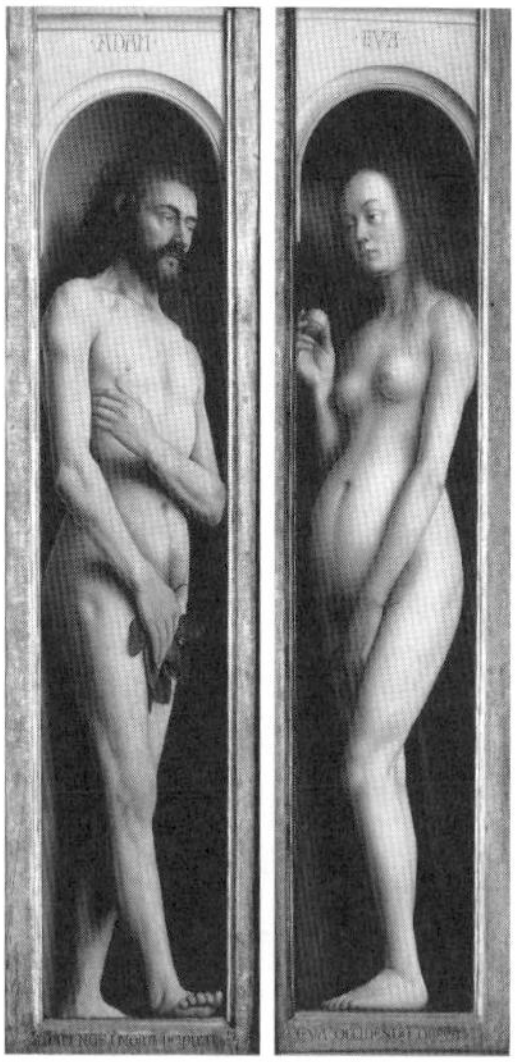

ヘントの祭壇画で描かれたアダムとエヴァ

都市経済の発展に伴う生活水準の向上は、個人という意識、すなわち自意識の目覚めを導きました。

そして、都市経済が発達したフランドル諸都市らしく、この時代のフランドルの画家たちは宮廷の仕事だけでなく、都市経済を牛耳った都市貴族（都市門閥）と呼ばれる富豪一族の仕事もしています。

宮廷画家としてブルッヘを中心に活躍したファン・エイクに対して、公国の首都ブリュッセルを代表する画家として活躍した画家がロヒール・ファン・デル・ウェイデン（1399／1400～64年）です。彼はファン・エイクも交流を持った、トゥルネーの画家ロベルト・カンピン（1378／79～1444年）の徒弟でした。この3人が15世紀の北方ルネサンスを象徴する三大巨頭です。

こうして彼ら北方ルネサンスを代表する画家たちにより、より質感や微妙な光や空気の変化を表現することを可能にしたネーデルラントの油彩画が、イタリアを含むヨーロッパへ広まっていき、15世紀以降の絵画芸術を新たな方向へと導くことになります。

とくに15世紀、イタリアに輸入されたネーデルラント絵画の影響は大きく、油彩技法はもちろんのこと、写実性の高い風景や静物描写、そして横顔像（プロフィール）ではなく、斜め横顔の4分の3正面像など、ネーデルラント絵画の影響がイタリア・ルネサンス絵画に定着していきました。レオナルド・ダ・ヴィンチの「モナ・リザ」は、ネーデルラント絵画の影響がイタリア絵画に定着したよい例です。

台頭する市民階級に向けた〝戒め〟の絵画とは？

こうして本家であるフランス王家をしのぐほど政治的、経済的、そして文化的に眩《まばゆ》い輝きを誇ったブルゴーニュ公国ですが、4代目のシャルル豪胆公が1477年にロレーヌ公と交戦中に戦死し、その歴史に幕を降ろします。

ブルゴーニュ地方はフランス王国に戻り、ネーデルラントは豪胆公の娘マリー・ド・ブルゴーニュが継承しました。そして、マリーがハプスブルク家のマクシミリアン1世と結婚したことにより、その後ネーデルラントはハプスブルク家が継承することになります。

ハプスブルク領となったネーデルランドでは、かつて繁栄を誇った港町ブルッヘが、ズウィン湾の泥の堆積のために商船が出入りできなくなり、貿易港としての繁栄に幕を降ろすことになります。現在のブルッヘが、観光地として中世のまま時が止まった〝天井のない博物館〟と呼ばれるのは、そのまま歴史（すなわち経済）の舞台から取り残されてしまったからです。

ブルッヘに代わり、15世紀後半から国際貿易都市として大きく発展したのがアントウェルペンです。経済の繁栄すなわち美術市場の活性化という方程式に従い、16世紀のネーデルラントの芸術・文化の中心地となったのがこのアントウェルペンでした。

新たな経済の中心地となったアントウェルペンで名声を博した画家にクエンティン・マサイス（1465／66〜1530年）がいます。活発な経済活動によって市民階級が台頭していくネーデルラントで、主に彼らに向けて制作されるようになる風俗画の先駆者となりました。

クエンティン・マサイス「両替商とその妻」1514年

マサイスの風俗画で代表作とされる「両替商とその妻」では、妻が時祷書をめくる手を止めて夫が持つ金貨や高価な真珠を見つめています。国際貿易都市だったアントウェルペンには多くの外国人商人も訪れました。そのため、両替商など金融業も台頭していくわけですが、このような風俗画は、まさに彼らのような職業の人間に対する戒めであり、職業上の公正なモラルを訴えるメッセージ性の強いものなのです。シンボリズムの伝統が強いネーデルラント絵画らしく、棚の上の果物は原罪を、そして水差しの水やロザリオは聖母の純潔を表し、両替商として正しくあるよう示しています。

絵画から読み解けるネーデルラントの混乱

文化的にフランドル（南ネーデルラント）に比べて遅れていた北ネーデルラントで、西洋美術史上最も特異で幻想的な画家が登場します。ヒエロニムス・ボス（1450頃〜1516年）です。ボスが描いた世界は人間社会の風刺であり、とくに聖職者に向けられた批判的で厳しい視線は、16世紀ネーデルラントにおけるプロテスタントの台頭に伴う宗教問題や、やがてオランダの独立へとつながる政治問題を暗示しているかのようです。

ボスはとくに罪深く愚かな人々の行為と地獄の描写を想像力豊かに表し、その奇想的な独創性は、彼の死後も後世のネーデルラントの画家たちに影響を与えました。

そのボスの影響を受けた16世紀ネーデルラント最大の巨匠がピーテル・ブリューゲル（父）（1525／30〜69年）です。ブリューゲルは、1551年にアントウェルペンの聖ルカ組合（画家の職業組合）に登録後、イタリアに旅をします。16世紀前半以降には、ネーデルラントなど北方の画家がイタリアを訪れ、学ぶようになっていたのです。北方の影響が初期ルネサンス絵画に表れたのが15世紀でしたが、盛期ルネサンス期以降の16世紀にはその流れが逆になっていました。

　ブリューゲルは、1563年の結婚を機にアントウェルペンからブリュッセルに移り住みます。商工業都市として発展したアントウェルペンと宮廷のあるブリュッセルは、16世紀のフランドルにおける二大美術市場でした。その死まで7年ほどの間、ブリューゲルの傑作の多くがブリュッセルで制作されています。

「農民画家」のイメージが強いブリューゲルですが、実際の彼は都会で暮らした学識の高い教養人であり、農民を描いた作品の数々は都市の富裕層のために描かれたものでした。当時の富裕層たちは、農民を無学で醜く愚かな存在と見なしていたため、彼らを反面教師的に、戒めのメッセージを込めて描かせたのです。

　このように表面的な主題だけでなく、非常に奥深いメッセージ性が読み解ける点がブリューゲル作品の魅力です。彼が遺した代表作「バベルの塔」や「ゴルゴタの丘への行進」、「幼児虐殺」や「足なえたち」などには、さまざまな形で当時のネーデルラント社会の有り様が表されています。

　たとえば、ブリューゲル作の「バベルの塔」からは、当時のネーデルラントの混乱が読み解けます。ブリューゲルが生きたスペイン領ネーデルラントは、まさに宗教的・政治的に混乱状態でした。

　政治的にはスペイン派（王党派）と独立派が対立し、宗教的にもカトリックとプロテスタント、そしてユダヤ人もが同じ地域で暮らしている状況でした。そのうえ、プロテスタントにおいてもカルヴァン派、ルター派、再礼拝派などが混在していたのです。さらには、そこで使われた言葉もさまざまであり、こうした多文化社会が多くの対立の原因になっていました。ブリューゲルの描いた「バベルの塔」からは、まさにこの混乱した状況が読み解けるのです。

「バベルの塔」は、元々は旧約聖書が主題であり、人間がさまざまな言語を話すようになった原因が描かれた話です。「ノアの方舟」のノアの曾孫であるニムロド王が、神に対する復讐として再び人類が大洪水に見舞われないよう、神の領域である天まで届く塔を建築しようとします。しかし、人間の不遜や驕りに怒った神により、人間はさまざまな言葉を話すようになり、意思疎通ができなくなった結果、塔の工事は中断されてしまうのです。以後、同じ言葉を話すグループごとに人々は世界各地へと広がっていったという話です。まさに混乱したフランドルの多文化社会を暗示しているようです。

また、ローマに滞在したことがあるブリューゲルは、古代の遺跡コロッセオをこのバベルの塔のモデルにしています。この時代のコロッセオは、古代ローマにおけるキリスト教徒迫害の象徴でした。これには、多数のプロテスタントを厳しく弾圧していた、当時の支配者スペインの愚行を戒めるメッセージがあったと見なすこともできま

ピーテル・ブリューゲル（父）「バベルの塔」1563年

す。
このようにブリューゲルの作品の主題性をより深く探るだけでも、16世紀後半のネーデルラントの政治的および社会的情勢をうかがい知ることができます。キリスト教が中心となった世界で宗教美術やゴシック建築が発達したように、いつの時代の芸術にも、その当時のさまざまな情勢が反映されているものなのです。

COLUMN

ドイツ美術史の至宝デューラーとクラーナハ

北方ルネサンス芸術は、フランドルだけでなくドイツでも開花しました。ドイツではケルンやニュルンベルク、アウグスブルクなどの諸都市で商業活動が発達し、それに伴い芸術が発展していきました。主要水路であるライン川に面したケルンは大司教座が置かれたために宗教美術が発展し、ニュルンベルクも芸術・文化の中心都市のひとつとして多くの美術家が集まっていたのです。

この時代のドイツで活躍した多くの美術家たちのなかで、ドイツ美術史上、数少ない世界的巨匠となったのがアルブレヒト・デューラー（1471～1528年）です。

1494～95年にかけてイタリアを訪れた若きデューラーは、イタリアで最新のルネサンス美術に触れることになります。さらにデューラーは、イタリアにおける画家や彫刻家たちが「芸術家」として認識されている現状とその地位の高さに驚愕《きょうがく》しました。当時、ドイツを含むアルプス以北の地域では、「芸術家」という概念はなく、あくまでも美術家は「職人」という扱いだったため、そのイタリア滞在は衝撃的なものとなったのです。

アルブレヒト・デューラー「1500年の自画像」
1500年

彼の受けた衝撃は、その作品からも読み解けます。たとえば、彼は美術史上で最も早く独立した自画像を描いた画家ですが、「28歳の自画像」では、自分を職人ではなく芸術家という地位に相応しい貴公子のように描いています。そして、かの有名な「1500年の自画像」でも、自分をキリストのように正面像で描き、自らをドイツにおける芸術の改革者として描いています。ここからも職人から芸術家へと画家の社会的地位向上に臨む強い意思がうかがえます。

さらに、文芸復興を遂げたイタリアと違い、古典的な規範がない芸術的後進圏にあったドイツの後世の芸術家たちのために、彼は「人体均衡論四書（1528年）」など理論書も執筆し出版しています。

また、デューラーは版画家としても大きな成功をおさめました。油彩画より安価で流通も容易な版画によって、彼の名声はヨーロッパ中に轟《とどろ》いたのでした。

デューラーは1495年にイタリアから帰国して以降、すぐにザクセン選帝侯フリードリヒ賢明公（在位：1486～1525年）の庇護を受けるようになります。そして、1512年以降は神聖ローマ皇帝マクシミリアン1世に宮廷画家として仕え、名実ともにドイツにおける初の「芸術家」としての人生をまっとうしたのです。

デューラーと同時代を生きた、もう一人のドイツの巨匠が、デューラーと1歳違いのルカス・クラーナハ（父）（1472～1553年）です。宗教改革者マルティン・ルターの友人であり、ルターやその家族の肖像を多く描いています。

彼はヴィッテンベルクでザクセン選帝侯の宮廷画家として仕え、ザクセンの宮廷人たちの好みに応えるようイタリアの古典主義的なヌードとは違う、独特な官能性を湛えた裸体像を残していまず。

クラーナハは商人としての才能にも長けていました。宮廷画家として工房を構えながら薬局を経営し、甘口ワインや香辛料および砂糖の地域独占権も手に入れ、出版印刷業にも携わりました。そして、ヴィッテンベルクの市長を3度務めるなど、美術史上、ルーベンス（114ページ参照）と並ぶ社会的成功をおさめた画家となったのでした。

水の都で咲き誇ったもうひとつのルネサンス

ヴェネツィア派

貿易大国ヴェネツィアの発展と衰退

16世紀、アドリア海の水の都ヴェネツィアでは、フィレンツェや他のイタリア都市より1世紀ほど遅れてルネサンス文化が開花しました。レオナルドやミケランジェロなどの盛期ルネサンス時代を牽引したフィレンツェ派の「デッサン（ディセーニョ）」に対して、ヴェネツィア派の「色彩（コロリート）」と対比されるほど、輝かしいヴェネツィア・ルネサンス絵画が黄金時代を迎えるのです。

「アドリア海の真珠」と謳われたヴェネツィアは、現在でこそイタリアの主要都市のひとつですが、当時は、何世紀にもわたり繁栄を誇ったヴェネツィア共和国の首都で

自由

した。

ローマやナポリ、そしてフィレンツェなど古代からの歴史を誇るイタリアの他の主要都市と違い、ヴェネツィアの歴史の始まりは遅く、西ローマ帝国の滅亡後になります。568年、ゲルマン系民族のランゴバルド人がイタリアに侵入し占領した際、アドリア海北端の住人たちがラグーナ（潟）の中の島や砂州に避難し、そこで築かれた人工島に定住したことがヴェネツィアの輝かしい歴史の始まりです。

■16世紀のイタリア諸都市とヴェネツィア共和国

ヴェネツィア共和国の発展の転機となったのは、991年にアラブ人と商業上の条約を結び、武力による戦争ではなく貿易によって繁栄を目指す平和政策を取ったことにあります。商人国家となった

ヴェネツィアは、その後、十字軍遠征に便乗し、東方貿易における最も重要な中継地となったのです。あの「東方見聞録」で知られるマルコ・ポーロ（1254〜1324年）も、観光目的ではなく商業的利益を求めてアジアに向かったヴェネツィア共和国の商人でした。

そして15世紀には、イタリア本土へ進出し、広大な領土を手にするなどの発展を見せたヴェネツィアでしたが、15世紀末にその栄華に陰りが見え始めます。

1453年のコンスタンティノープルの陥落[※11]によってオスマン帝国が台頭し、ヴェネツィア共和国の貿易活動が縮小され、共和国の繁栄が傾いていくのです。

また、15世紀末にヨーロッパが大航海時代を迎えたことも、その衰退に拍車をかけました。とくに高価な香辛料貿易のルートが新航路経由になったことは、ヴェネツィア経済に大きな打撃を与えました。ヴェネツィアは東方貿易の中継地としての圧倒的な地位を失ったのです。ただし、フランドルのブルッへのように貿易港としての役目を終えたわけではなく、かつての勢いはないものの貿易拠点のひとつとして、その地位は維持し続けました。

そして16世紀、ヴェネツィアの国力と経済が衰退していく一方で、黄金時代を迎えたのがヴェネツィア絵画でした。長年にわたる富の蓄積もあり、貴族や富裕な上層市民階級が芸術の庇護者となったのです。

ヴェネツィア絵画は、感覚的に訴える色彩を駆使した絵画表現が特徴的です。当時はチューブ入りの絵の具などはない時代でしたが、高価な顔料が手に入りやすかった貿易港ヴェネツィアだからこそ発展した絵画表現だと言えるでしょう。

さらにヴェネツィアは、宗教の自由が徹底されており、法も整備されていました。当時としては珍しく、徹底して政教分離を行った国であり、自由で安全な国だったのです。そのため、フィレンツェのような政情が不安定な土地柄とは違い、より官能性・享楽性の強い、世俗的で感覚的な表現を好む気質がヴェネツィア派の作品には表れています。ヴェネツィアは言論の自由にも比較的寛容でしたし、発展した印刷業も重要な産業のひとつで、他の都市では発禁処分となった本も堂々と売られていたほどでした。

自由と享楽の都が生み出した謎多き絵画

16世紀ヴェネツィア絵画の黄金時代は、ジョルジョーネ（1477／78～1510年）によって幕が開きます。ジョルジョーネは叙情性の高い風景と人間が一体となった、詩情的で独特な絵画を生み出しました。

彼の代表作である「嵐」はヴェネツィア貴族のために描かれたもので、風景の中に兵士と授乳中の裸体の女性を描いています。

しかしその作品は、謎が多いことで有名です。幼児のポーズはおかしく、授乳中の母親も下半身まで裸体でその理由は不明です。作品中央にある途中で折れた円柱も意味不明ですし、いったい何が主題なのか現在でもわからない不思議な作品なのです。タイトルを付けなくても主題が明確だった時代に、このような作品を生み出したこと自体が、当時のヴェネツィアの海洋国家らしい開放的で自由な気質を感じさせます。

そして、ジョルジョーネの弟弟子にあたり、ヴェネツィア派最大の巨匠となるのがティツィアーノ・ヴェチェッリオ（１４８８頃～１５７６年）です。ペストで早世したジョルジョーネに代わり、ヴェネツィア絵画を牽引していったのが「色彩の魔術師」として知られるティツィアーノだったのです。輝く光と色彩を駆使した劇的な表現力とその官能性の高さは、イタリアの他の画家たちはもちろんのこと、１世紀後のルーベンスにも多大な影響を与えたほどです。レオナルド、ミケ

ジョルジョーネ「嵐」1505年頃

ランジェロ、ラファエロの「盛期ルネサンス三大巨匠」と同様に、美術史の系譜の中でも最も影響力を持った画家の一人です。

歴史画だけでなく肖像画にも長けていたティツィアーノには、ヴェネツィア以外の王侯貴族たちからも注文が殺到しました。ローマ教皇パウルス3世（在位：1534～49年）や、スペイン王カルロス1世とフェリペ2世の親子二代にわたり庇護されるなど、ティツィアーノの名声はヨーロッパ中に轟いたのでした。

ティツィアーノ・ヴェチェッリオ「ウルビーノのヴィーナス」1538年頃

また、ティツィアーノは「フローラ」や「ウルビーノのヴィーナス」など、官能的な女性像でも知られています。こうした作品のモデルにも事欠かなかったのが、高級娼婦の多かったヴェネツィアのひとつの側面でもあります。ちなみに、16世紀のヴェネツィアは、現代の「ハネムーンにピッタリ」というロマンティックなイメージとは違い、「石を投げれば売春婦に当たる」と言ったほど享楽的な都だったのです。

また、ティツィアーノと並ぶ「16世紀ヴェネツィア派三大巨匠」にティントレット（1518～94年）とヴェロネーゼ（1528～88年）がいます。ティントレットは大胆な遠近法や人体の短縮法を駆使した劇的な表現と、強烈なコントラストによる明暗法で人々を圧倒しました。

そして、ヴェロネーゼは主題が宗教画であっても、ヴェネツィアらしい享楽的で世俗性の強い表現をしたことで知られています。たとえば、ヴェネツィアのサンティ・ジョヴァンニ・エ・パオロ修道院の食堂のために描かれた「レヴィ家の饗宴」は、当初の主題は「最後の晩餐」であったにもかかわらず、まるで享楽的な宴会の場面のように描かれています。

この作品が描かれた当時、カトリック教会はプロテスタントに対する対抗宗教改革の最中ということもあり、トレント公会議によって宗教画に対して厳しい基準が求められるようになっていました。ミケランジェロのシスティーナ礼拝堂の「最後の審判」も、彼の死後に別の画家によって局部が下帯で隠されてしまったほどです。

ヴェロネーゼのこの作品も、キリストの受難の場面があまりにも世俗的過ぎると問題視されてしまいました。そのため、ヴェネツィアの異端審問所から召喚されてしまったほどです。

結局、ヴェロネーゼは主題をキリストが収税吏レヴィの家に招かれたエピソードであるとして修正に応じず、結果、異端審問所からもお咎めなく事を収めることができたのでした。

ヴェロネーゼ「レヴィ家の饗宴」1573年　©José Luiz Bernardes Ribeiro

ヴェネツィア絵画は二度輝く

こうして黄金時代を迎えたヴェネツィア絵画でしたが、さらなる経済の沈滞と連動し、とうとう絵画も暗黒時代を迎えてしまいます。17世紀には、ローマがバロックの都としてイタリアにおける美術の中心地になっていきました。

しかし、18世紀になると、ローマは再びその地位をヴェネツィアに譲ります。貿易や造船業、そして共和国のもうひとつの主要産業だった印刷業も衰退し、経済的には凋落していたヴェネツィアでしたが、絵画芸術だけは最後の煌めきを見せたのです。第二次ヴェネツィア絵画の黄金時代の始まりです。

その庇護者となったのが、新たに台頭した新興貴族でした。17世紀に起きた大トルコ戦争[※12]の際、ヴェネツィアでは、莫大な財産によって新たに称号を得た新興貴族階級が生まれました。そして、18世紀のヴェネツィアでは、衰退していった古い貴族階級に代わり、彼らが芸術の庇護者となりました。

18世紀のヴェネツィア社会は享楽性をより一層増し、毎日が祝祭のような華やかな都として多くの人を引き付けるようになります。18世紀は経済的に繁栄したイギリス人を中心に、大修学旅行「グランド・ツアー」（遺跡の宝庫であり、ルネサンスとバロック美術の本場であるイタリアへの旅行）が流行しましたが、風光明媚《ふうこうめいび》なヴェネツィアは人気の訪問地となります。享楽的なこの都が最終訪問地になることが多かったのです。現代のアメリカ旅行に置き換えるのなら、首都ワシントンDC、ニューヨーク、ボストンで芸術鑑賞をした後、旅の終わりにラスベガスやハワイで羽を伸ばすようなものです。

そして、そのようなヴェネツィアを訪れた観光客に人気を博したのが、ヴェネツィアの風景を正確に捉え、そこでのさまざまなドラマを描いた「ヴェドゥータ」と呼ばれる都市景観図でした。現代の私たちが絵葉書を求めるように、この「都市の肖像」ともいうべき写実的な風景画が「イタリア旅行の想い出」として求められたのです。

都市景観図の代表的な画家がカナレット（1697～1768年）で、18世紀のイギリス貴族の間で最も人気となった画家の一人です。オーストリア継承戦争（1740～48年）の勃発でイギリス人旅行者が激減した際には、カナレット自身がイギリ

カナレットの残した都市景観図（カナレット「キリスト昇天祭の日の御座舟の帰還」1732年頃）

スに渡り数年間滞在したほどで、そこではロンドンやテームズ河の景観を描いた作品を残しています。

とくにジョージ3世（在位：1760～1820年）はカナレットの大コレクターで、現在でもイギリス王室のロイヤル・コレクションには、版画も含め膨大な量のカナレット作品が残されています。

また、同じくヴェネツィアの景観画家フランチェスコ・グアルディ（1712～93年）は、軽快なカナレットに比べ、より叙情性の強い表現で高い評価を得ました。カナレットもグアルディも、都市景観図のほかに、実際の風景に空想的な要素を加えたり、本来なら同じ場所にない名所旧跡を同じ画面に組み込んだ「カプリッチョ（奇想）」と呼ばれる風景画でも人気を博しました。

そして、グアルディの義兄にあたるのが、ティツィアーノ同様に王室御用達で、国際的な活躍をしたジョヴァンニ・バッティスタ・ティエポロ（1696～1770年）です。ティエポロはヴェネツィア派最後の巨匠とも言える存在で、演劇性の強い構成と軽快な空間表現、そして流麗な色彩と優美で闊達《かったつ》な筆さばきで名声を博しました。その活躍はヴェネツィアのみならず、ドイツやスペインの宮廷でもフレスコ画装飾を手がけるほどでした。そして彼は、宮殿の装飾に携わっていたマドリードでその生涯を終えることになります。

こうしてヴェネツィア絵画が最後の輝きを見せた18世紀でしたが、アドリア海の女王と謳われ、栄華を誇ったヴェネツィア共和国も、1797年にナポレオン・ボナパルトに征服されてしまいます。そして、同年に結ばれたカンポ・フォルミオ条約によってオーストリアの支配下となり、1100年続いたその歴史に幕を降ろしたのでした。

※11　オスマン帝国のメフメト2世によって東ローマ帝国の首都コンスタンティノープルが陥落した、東ローマ帝国滅亡のきっかけとなった事件

※12　1683～99年に起きた、ヴェネツィアやオーストリア、ロシアなどの神聖同盟とオスマン帝国の戦争。この戦争以降、オスマン帝国は衰退の一途を辿ることになる

グアルディの描いた「カプリッチョ」。左手にある鐘塔は、制作時には倒壊していて現存していなかった（フランチェスコ・グアルディ「サン・ジョルジョ・マッジョーレ島の眺め」1765〜75年頃）

演劇性の強い構成が特徴的な、ヴェネツィア派最後の巨匠ティエポロの作品（ジョヴァンニ・バッティスタ・ティエポロ「ヒュアキントスの死」1752〜53年）

VSプロテスタントが生み出した新たな宗教美術

バロック

「プロテスタント」の誕生

西洋美術史はキリスト教を抜きに語ることはできません。17世紀バロック芸術発展の背景にも、当時のヨーロッパで起こった宗教戦争が影響しました。カトリックとプロテスタントの争いです。

この争いは、カトリック教会の象徴とも言えるサン・ピエトロ大聖堂の改築工事が発端となりました。当時のローマ教皇であったレオ10世（在位：1513〜21年）は、その莫大な改築資金を調達するために、贖宥《しょくゆう》状（免罪符）の販売を進めます。

しかし、この聖書に根拠のない贖宥状の販売は、カトリック教会に懐疑的になって

カトリック

いた北ヨーロッパの人々の心を離反させることになります。

そして1517年、マルティン・ルターがカトリック教会を批判し、宗教改革の狼煙をあげることになるのです。これが、聖書を絶対的権威とする福音主義の「プロテスタント」誕生の瞬間でもありました。

その後、この宗教改革は、イングランドにおいてヘンリー8世がローマ教皇庁から離反した英国国教会を作るなど、ヨーロッパ社会を二分する大騒動となります。そして、聖書にあるモーセの十戒に背くとして、宗教美術を否定するプロテスタントたちによる、カトリックの聖堂や修道院の宗教美術を破壊する聖像破壊運動（イコノクラスム）が起こるのです。


この頃のカトリック教会の状況を振り返れば、こうした宗教改革が起こったのも当然だったと頷けます。当時のカトリックの上級聖職者には、まるで王侯のように権力と財力が集中していたからです。

たとえば、ルネサンス時代からバロック時代にかけて、歴代のローマ教皇の多くはイタリアの名家出身であり、現代人が想像するローマ教皇のイメージとはかけ離れた存在でした。そして、甥や庶子やその孫を枢機卿《すうききょう》にするなどネポティズム（縁故主義）が横行していました。聖職者一族というよりも、日本の戦前までの大財閥や総理大臣を輩出したような名門政治家一族をイメージするとわかりやすいでしょう。世襲制が多い政治家に不信感を抱くように、多くの人がこうした状況のカトリック教会、そして聖職者たちに期待をしなくなっていきました。

実際に多くの聖職者たちは堕落した生活を送っており、そうした状況に対して、真面目な北ヨーロッパの商人階級の間で「聖書にこそ権威がある」とするプロテスタンティズムが浸透しても不思議ではなかったのです。

宗教美術を否定するプロテスタント、肯定するカトリック

宗教改革によって、信者だけでなく収入も激減したカトリック教会は反撃に打って出ます。1540年、前章でも触れたティツィアーノを庇護した教皇パウルス3世は、イエズス会を認可し、全世界へ布教伝導の徒を放ちました。フランシスコ・ザビエル（1506～52年）が戦国時代の日本へ来日したように、1549年以降、イエズス会は日本でも積極的にキリスト教を広めていきます。

さらに、パウルス3世は北イタリアのトレントで公会議[※13]を開催し、プロテスタントの主張を否定する一方で、ローマ教皇庁の改革を推し進めました。プロテスタントを

牽制すると同時に、カトリック教会も自己革新運動（対抗宗教改革）を進めたのです。
１５４５年から１５６３年にかけて、計25回開催されたこの会議では、美術史に大きな影響を与える決定も下されました。

まず、会議の結果、宗教美術自体は崇敬の対象ではないため偶像ではないとされます。そして、その表現には、誰でも一目見れば理解できる「わかりやすさ」と「高尚さ」を求めるよう決められました。宗教美術に対して厳しい態度を取るプロテスタントとは反対に、カトリックはより一層、美術の力に頼るようになったのです。

そして、その頃に主流であったマニエリスムはその目的に合っていないとし、教会芸術の変革が開始されていきます。そして生まれてきたのが「バロック美術」です。

バロック美術では、それ以前の宗教美術に比べると、より見る者の感情、感覚に訴える表現がなされていることがわかります。聖書中心のプロテスタントとは違い、カトリック教会は、感情・信仰心に訴えることによってさまざまな奇蹟《きせき》を、字が読めない人が多かった信者たちに信じさせる必要があったからです。また、聖人崇拝に好意的ではないプロテスタントへの反動で、多くの聖人画も描かれるようになりました。

カトリック教会が宗教美術の力を利用したのは現代でいうメディア戦略であり、「宗教画＝目で見る聖書」によって、わかりやすく、そして劇的に信者の宗教心に訴え帰依させようとしたのです。

カラヴァッジョの革新的なアプローチ

バロック芸術の目的とは、神の栄光とカトリック教会の勝利を視覚的に人々に訴え、カトリック信仰へ帰依させることでした。それらを表現するためのアプローチが、2つの方向性に分かれていたのが17世紀のイタリア・バロック美術です。これまでの古典的なアプローチと、それとはまったく違った革新的なアプローチの2つです。

理想的に神の世界を表したラファエロを祖とする古典的なアプローチに対し、写実主義による革新的なアプローチで時代の寵児となったのが、ミラノ近郊出身でローマに出てきたカラヴァッジョ（1571～1610年）でした。

その彼を見出して庇護したのが、ヴェネツィアの名門貴族出身のフランチェスコ・デル・モンテ枢機卿（1549～1627年）です。現在、イタリアの上院になっているマダーマ宮殿が当時のデル・モンテ枢機卿の住まいで、そこで暮らし始めたカラヴァッジョは、枢機卿の美術愛好家仲間たちのために作品を制作し始めます。

そして、枢機卿と同じ名前の聖人を主題にして描いた宗教画が「聖フランチェスコの法悦」でした。宗教画でありながら、どこか官能的な雰囲気を漂わせたこの作品は、聖なるものと俗なるものが混在するバロック芸術の原点と見なされています。また、同作品にも見られる光と影の強烈なコントラストによる明暗法も、カラヴァッジョの代名詞となっていきます。もちろん、「神は光である」という神の象徴としての強烈な聖なる光です。

そして、デル・モンテ枢機卿の推薦でサン・ルイージ・デイ・フランチェージ教会のコンタレッリ礼拝堂のために聖マタイ三部作を描き、これがカラヴァッジョのローマでの公式なお披露目となりました。徹底した写実主義で聖人たちを武骨な一般の男として描き、それまでの宗教画にあった理想的に聖人たちを描くという「お決まりごと」を覆しました。

カラヴァッジョ「聖フランチェスコの法悦」1595年頃

この宗教画における革新的で挑発的な表現は、スキャンダラスなセンセーションを巻き起こします。当然、そのアプローチに対しては賛否両論がありましたが、多くの人がこの教会にカラヴァッジョの作品を見に集まるようになり、彼の名声と作風はローマ中に知れ渡ることになりました。その後、カラヴァッジョには大量に注文が集まり、ローマ美術界の寵児になっていったのです。

カラヴァッジョは、とくに若い画家たちへ影響を与え、「カラヴァッジェスキ」と呼ばれる追従者たちを生み出しました。その影響はローマにとどまらず、ローマに滞在した北ヨーロッパの画家たちによって、または複製作品や追従者たちの作品を介し、ヨーロッパ中に広がっていきました。

ただし、カラヴァッジョの作品の中には、完成後に受け取りを拒否されてしまうような作品もありました。たとえば、溺死体をモデルにして聖母マリアを描いた「聖母の死」は、祭壇画として教会から受け取りを拒否されています。

カラヴァッジョ「聖母の死」1601〜06年頃

そのため、この絵は当時ローマに滞在中だった若きルーベンスが自分が仕えていたマントヴァ公爵のために購入し、その後、イングランドのチャールズ1世のもとに渡ります。そして、さらにその甥にあたるルイ14世の手に渡ったこ

カラヴァッジョの聖マタイ三部作のひとつ「聖マタイの召命」（1599年）

とで、フランス革命後に国有化された結果ルーヴル美術館に収められ、カラヴァッジョの代表作のひとつとして現在に至っているのです。

カラヴァッジョの影響力の大きさは、17世紀のバロック絵画を見渡せば顕著です。しかし、革新的なものはいつの時代も一過性の流行となりがちで、17世紀末には知名度の低い二流画家として認識されるようになります。実際、カラヴァッジョが生きていた頃から多くの人が彼の作風を俗悪で芸術的でないと見なしていました。当時はカラヴァッジョの革新性が注目を浴びる一方で、ラファエロの伝統を継承した古典主義も根強く浸透していたからです。

また、1648年にフランスで王立絵画彫刻アカデミー（いわゆる美術アカデミー）が創設されるなど、ラファエロを頂点とした古典主義＝アカデミズムが確立していき、カラヴァッジョの写実主義が評価されなくなっていた時代背景もありました。

そのフランスの美術界に大きな影響を与え、後に紹介する「フランス古典主義」の規範となったのが、ボローニャ派と呼ばれるカラヴァッジョと同時代のイタリア人画家たちでした。

17世紀、イタリアではカラヴァッジョに対してこのボローニャ派と呼ばれる画家たちも台頭します。カラッチ一族によってボローニャで開設された美術学校アカデミア・デリ・インカミナーティは多くの人材を輩出し、彼らはラファエロを規範とする古典的な理想主義をベースに、優美で色彩豊かな絵画を制作していきました。

カラッチ一族を代表するアンニーバレ・カラッチ（1560〜1609年）がローマに招かれたのも、ちょうどカラヴァッジョがローマで活躍した時代と重なります。アンニーバレをローマでサポートした弟子のグイド・レーニ（1575〜1642年）やドメニキーノ（1581〜1641年）たちもローマに出てきて、時の教皇や枢機卿たちの庇護を受けながらローマ美術界を牽引していきました。

ボローニャ派の特徴は優美な理想主義に、バロック的な流動性を構図に取り入れている点にあります。演劇性の強さもバロック美術の特徴なのです。しかし、アンニーバレの弟子たちにはカラヴァッジョの影響もうかがえます。彼らが描いた人物はあくまでも理想主義に則っていてカラヴァッジョが描いた野卑な人物とは対照的なのですが、劇的な明暗法の影響を受けているものが少なくないの

古典的な理想主義をベースにしながら、優美で色彩豊かな絵画を制作したボローニャ派の作品（グイド・レーニ「ユウロペの誘拐」1637〜39年）

です。当時のカラヴァッジョの強烈な革新性が、いかに同時代の美術界に大きな影響を与えたかがわかります。

対抗宗教改革の申し子ベルニーニ

また、ローマのバロック美術で忘れてはならないのがジャン・ロレンツォ・ベルニーニ（1598～1680年）です。

優れた建築家、そして比類なき彫刻家として、ローマの風景を一変させた彼は、偉大な芸術の庇護者であった教皇ウルバヌス8世（在位：1623～44年）から「ベルニーニはローマを必要とし、ローマはベルニーニを必要とする」と称えられたほどでした。16世紀末以降、ローマ教皇指導の下に続いてきたカトリックの首都である聖都ローマの美化運動の立役者であり、まさにバロックの都となるローマの申し子であったのがベルニーニだったのです。

その教皇の命によって制作されたサン・ピエトロ大聖堂の巨大なブロンズ製の天蓋（バルダッキーノ）は、ねじれた4本の巨大な柱が天上へと引き上げられる感覚を抱かせ、人々を圧倒します。聖ペトロの墓を守るこの巨大な天蓋は、カトリック教会の権威を知らしめる対抗宗教改革を象徴すべき作品です。

右：ねじれた４本の巨大な柱が特徴的な、サン・ピエトロ大聖堂の巨大なブロンズ製の天蓋（バルダッキーノ）、左：ベルニーニの設計したサン・ピエトロ大聖堂の列柱廊
©MarkusMark（左）

また、大聖堂前のサン・ピエトロ広場の列柱廊もベルニーニの設計によるもので、信者たちを迎え入れる両腕のような空間構成は、まさに劇場型であるバロック芸術そのもので、当時の信者がやっとたどり着いた聖地で受けたであろう大きな感動がうかがえます。ベルニーニは建築、彫刻、そして広場や噴水によって、カトリックの首都として相応しいローマへと飾り立てていったのでした。

※13　カトリック教会の教皇使節や枢機卿、大司教、司教、そして修道会の代表などが集まり、教義や教会法を定める会議。開催地の名を冠するため、トレント公会議と呼ばれる

COLUMN

バロック絵画の王「ルーベンス」

バロックは、17世紀のヨーロッパで、それぞれの国の政治や宗教、そして経済に応じて個性豊かに育っていった点も魅力です。そのため、国ごとに語らなければバロックの芸術性自体が見えにくいのも特徴なのです。

バロックの源流となったローマだけではなく、ネーデルラントのオランダやフランドルでも、17世紀にバロック美術が黄金時代を迎えます。ちなみに、美術史における「フランドル」という名称は、17世紀のネーデルラントでオランダ独立後にスペイン・ハプスブルク家の支配下に留まった南ネーデルラントを指しています。つまり、美術史における「フランドル」は、現在のベルギー王国ほぼ全域を指しています。

そのフランドルの画家で、その名声が国際的に鳴り響いた画家がピーテル・パウル・ルーベンス（1577～1640年）です。北ヨーロッパ最大の巨匠であり、「王たちの画家にして画家たちの王」と称えられたルーベンスは、バロック絵画を象徴する壮麗で躍動感あふれる様式を確立しました。

イタリアで8年間過ごし、古代芸術やルネサンスの至宝の数々、カラヴァッジョなど最新のローマ絵画の流れを吸収するなど芸術修業をした後、故郷アントウェルペンに戻ったルーベンスは、ハプスブルク家のネーデルラント総督夫妻の宮廷画家となります。本来、フランドルの宮廷画家はブリュッセルに住まなくてはならないのですが、ルーベンスは破格の扱いでアントウェルペンに留まって制作活動を行うことを認められています。

ルーベンスが帰国した頃のフランドルは、宗教美術制作ブームが始まった時期であり、アントウェルペンに工房を構えたルーベンスには、祭壇画の注文が次々に集まるようになります。宗教的内乱状態にあった16世紀後半のネーデルラントでは、多くの宗教美術が聖像破壊運動によって破壊されていたからです。

ルーベンスの代表作「聖母被昇天」
1626年

こうしてルーベンスは、アントウェルペンに帰郷後、10年間で60点以上もの祭壇画の注文を受けました。もちろん、それらをすべて自分で描いていたわけではなく、制作は彼が運営した工房の助手や弟子たちの手にゆだねられました。分業量産体制で国内外からの注文をこなし、アントウェルペンの工房から搬出したのです。

デザイナーがデザイン画を描くように、ルーベンスは油彩下絵（モデッロ）で絵画構想をまとめ、それを手本に助手たちが制作を担い、ルーベンスが最後の仕上げのタッチを加えたものが「ルーベンス作」と見なされたのです。現代におけるデザイナーズブランドの社長のような存在だったのが当時の大画家たちで、ルーベンスも彫刻やタピスリー、本の扉絵のデザインまでもこなし、版画もヨーロッパ中で人気を博しました。

法律家の息子だったルーベンスは、当時の画家としてはエリート教育を受けていた名家の出身のため、高い教養と堪能な語学力の持ち主でした。画家として国際的に王侯貴族を顧客にしただけでなく、外交官としても活躍した偉大な人物として後世の画家たちからも尊敬を集めています。そのルーベンスに大きな影響を受け、バロック期にその名を残したスペイン美術史最大の巨匠がディエゴ・ベラスケス（1599〜1660年）です。

1623年にマドリードでフェリペ4世の宮廷画家となったベラスケスは、1628年に外交使節としてマドリードを訪れたルーベンスから大きな影響を受けます。親しくなった二人は、ルーベンスの勧めで一緒にスペイン王家が誇るティツィアーノの作品群を模写しました。そのため、ベラスケスの作風もより明るい色調と自由闊達な筆使いへと変化していきました。

ルーベンスに感化されたベラスケスは、30歳になって初めてイタリアに向かいます。ローマには1年ほど滞在し、ヴァチカン宮殿に暮らしながらミケランジェロやラファエロの作品群を研究しました。夏にはメディチ家の別荘に2か月ほど滞在し、メディチ家が所有する古典芸術の研究に勤しんだのです。

ベラスケスの作品に近づくと気が付きますが、彼の作品には後の印象派など近代絵画に見られるような筆使いの荒さがあります。しかし、離れて鑑賞するとその効果が一気に表れ、まるでその瞬間の空気感までもが表現されているようです。肖像画家としても極めて優れていたベラスケスは、卓越した洞察力によりその人物の奥深い内面性を描き出すことができたのです。

こうしてベラスケスは、表面的な写実主義だけでなく、絵画を超越したリアリズムに到達した西洋美術史における最高峰の画家の一人となったのでした。

ベラスケスの代表作「スペイン王フェリペ4世」(1644年)

オランダ独立と市民に広がった日常の絵画

オランダ絵画

オランダ独立と市民階級の台頭

オランダ人が「黄金の世紀」と呼ぶ17世紀、オランダで新たな芸術の芽が出ます。きっかけは、オランダのスペインからの独立です。スペイン領ネーデルラント共和国（現オランダ）が独立戦争（八十年戦争）を起こし、１６４８年のミュンスターの講和によって、ネーデルラント連邦共和国は正式に独立国として承認されます。そして、独立を果たしたオランダでは、アムステルダムを中心にこれまでとはまったく違う絵画の流れが生まれてくるのです。

北方ルネサンスの章でも述べた通り、16世紀のネーデルラントの文化・芸術の中心地はアントウェルペンでした。しかし、対スペイン戦争の際、オランダ軍によりアントウェルペン港に通ずるスヘルデ川の河口が封鎖されてしまいます。そして、代わりに貿易の中心地として繁栄したのがアムステルダムでした。

アムステルダムは、ヨーロッパ一の国際貿易都市へと発展します。財を成した市民階級が台頭し、美術品や世界各地からの物品がアムステルダムに集まりました。同時代のイタリアやフランスでは教皇や王家が文化的影響力を持っていたのに対し、17世紀オランダ絵画の黄金時代を築いたのは、経済が繁栄した社会に生きた、彼ら裕福な市民階級だったのです。

貴族的なライフスタイルを真似るようになった彼らの邸宅を飾るために、大量の絵画が制作されるようになっていきます。そしてそれらの絵画の多くは、宮殿ではなく個人の家を飾る目的だったため、サイズは小さく、そのジャンルもさまざまでした。

オランダでは、信仰の自由は認められていたものの、カルヴァン主義の改革派教会が公的な宗教とされたため、教会（カトリックは聖堂、プロテスタントは教会）のための宗教美術は認められません。そのため、格が高かった歴史画ではなく、肖像画や風俗画、風景画などのジャンルが求められるようになり、それぞれのジャンルが専門化されたのです。

さらに、美術品の需要が高まったことにより、注文によって絵画を制作するだけでなく、現在の美術市場のように画家たちが「売れそうな」絵画を制作し、画商や定期市で販売する流通システムが確立しました。

市民社会が豊かになるとファッションにおけるオートクチュール（お仕立て）からプレタポルテ（既製服）が主流になるのと同じことで、オランダが経済的に豊かな市民社会を樹立し、彼らが絵画の購買層になったことがわかります。

ちなみに「ジャンルのヒエラルキー（格付）」が確立したのもこの17世紀でした。最上位には聖書や神話を主題にした歴史画があり、その下に順に人物画（肖像画）、風俗画、風景画、そして一番下位のジャンルとして静物画がありました。歴史画の格が高いとされるのは、画家自身がまず主題を理解しなければならないからです。さらに、画面には複数の人物を配し、相応しいポーズや感情を表現し、適切な背景を描かなければならず、構成力だけでなく古代建築などの考古学的な知識も要求されます。画家も鑑賞者も、教養を持ち合わせないと理解し難いのが歴史画であり、それゆえ格も高いのです。

絵画ジャンルのヒエラルキー

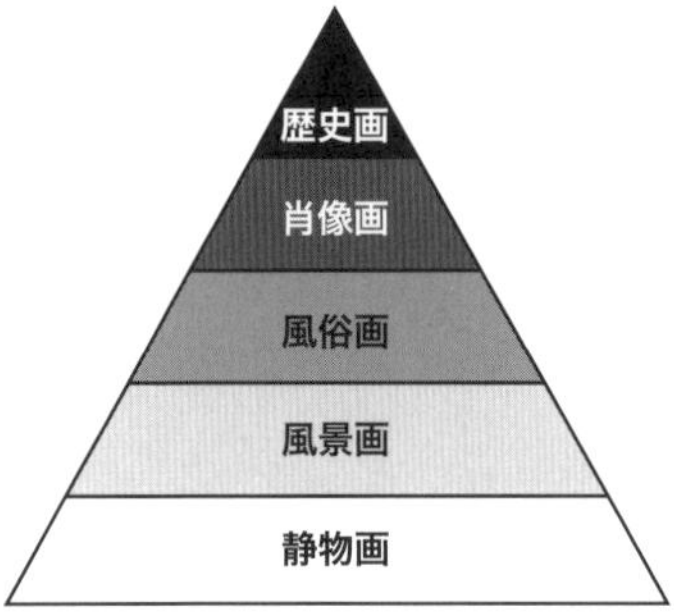

市民に向けて描かれた多種多様なオランダ絵画

プロテスタント社会のオランダで人気を博したのが、一般市民の日常生活を描いた「風俗画」です。17世紀オランダ風俗画の多くに、格言や教訓が込められました。正しい信仰生活へ導くための、さまざまな美徳や悪徳が描かれたのです。

たとえば、風俗画に多い風景として「飲酒」の場面があります。これは、オランダ人がヨーロッパ一の大酒飲み（主にビール）として知られていたからです。当然、絵画のメッセージは「節制」を促しています。

酒を片手にした男性を描いたオランダの風俗画
（フランス・ハルス「陽気な酒飲み」1628〜30年頃）

パイプ煙草も頻繁に描かれていますが、これも17世紀のオランダでパイプ煙草が大流行していたからです。ギャンブル好きな国民性で知られたオランダ人らしく、その戒めとして昼間から居酒屋でトランプ遊びをする人たちが描かれることもありました。

そして、オランダ人が好んだ絵画に、馴染みのある風景を描いた「風景画」もあります。

この時代は、ヴェルサイユ宮殿の整えられた整形庭園に表れているように、他国では「目の前に広がる現実の風景」を美しいと見なす美意識はありませんでした。

しかしオランダでは、画家により多少の演出は施してあるものの現実的な風景を好み、写実性の高い風景画が描かれていたのです。海洋大国なだけあって、帆船や港を描いた海景画も好まれました。

ただし、オランダでは見られない「黄金色の太陽」を描いたイタリア的な風景画も人気を博しました。当時のオランダ人も、はるか遠いイタリアの風景に対する憧憬があったのです。風景自体はオランダのもので、空だけがまるでローマ近郊の黄金色の空のように描かれた風景画が人気を博しました。

また、「静物画」においては、人生の虚無感・空しさを表す「ヴァニタス」が主題となっているものが多く見受けられます。静物描写は15世紀のネーデルラント絵画が得意とし、それぞれにシンボリズムが込められていました。その伝統を継承した17世紀オランダ絵画の静物画は、描かれている花やロウソク、そして骸骨や懐中時計などにもシンボリズムがあり、「節制」や「人生の儚《はかな》さ」といったメッセージを読み取ることができます。

こうしたオランダ絵画における15世紀ネーデルラント絵画の影響は、静物画以外にも表れています。たとえば、シンボリズムの伝統は、静物画だけでなく、風俗画においてもメッセージ性を高める役割を担っています。さらに、ネーデルラント絵画が伝統的に風景描写に長けていたことも、独立した風景画の発展につながりました。オランダがかつてはネーデルラントの一部だったこと、そしてその伝統が17世紀の絵画にも顕著に表れていることがわかります。

オランダ絵画における静物画（ウィレム・クラース・ヘダ「鍍金した酒杯のある静物」1635年）

また、オランダで発展した特有のジャンルに「集団肖像画」があります。市民社会のオランダではさまざまな業者組合や自警団があり、またヨーロッパのどこよりも福祉が行き届いていました。どんな小さな街でも孤児院と養老院があったほどです。

こうした団体では、カトリックの場合は祭壇画を寄進します。しかしプロテスタント社会であったオランダでは、その代わりに集団肖像画が依頼されたので

オランダ特有のジャンルである集団肖像画（フランス・ハルス「ハールレムの養老院の女性理事たち」1664年頃）

す。集団肖像画は個人宅ではなく、彼らが属する団体のホールや理事室など公的な空間に飾られました。

ちなみに、プロテスタント文化圏のオランダで、宗教画がまったく描かれなくなったわけではありません。教会堂の中を飾ることは禁止されていましたが、自宅に宗教画を飾ることは問題視されませんでした。カトリック教徒が自宅での礼拝のために宗教画を求めることもありましたし、上流階級の中にはプロテスタントであっても「美術品」として宗教画を求める人たちも少なくなかったのです。後に紹介するレンブラントのように、教会での礼拝向けではなく、あくまでも主題として聖書を選んだものもありました。

レンブラントとフェルメール

17世紀オランダ美術で、別格の存在がレンブラント・ファン・レイン（1606〜69年）です。最近の日本では、後に触れるフェルメールのほうが人気が高いようですが、レンブラントこそがオランダ美術史上最大の巨匠なのです。

集団肖像画で名声を博した彼の代表作「夜警」は、「光と影の魔術師」と呼ばれる彼らしい劇的な明暗のコントラストが特徴的な作品です。また肖像画以外にも、歴史画を含め、そのジャンルは多岐にわたり、版画家としても名声を誇りました。

レンブラントは、自身のイメージ戦略を強く意識した画家でもありました。たとえば、イタリア・ルネサンスの巨匠たちを強く意識した彼は、ルネサンス期のファッションで自画像を残しています。さらに、自身のサインも「レンブラント」とファースト・ネームだけでした。これは、レオナルドやラファエロなどルネサンス三大巨匠やティツィアーノのように、ファースト・ネームで名を残した画家たちに対抗意識を持っていたからです。そのイメージ戦略は見事に成功し、彼は苗字のファン・レインではなく、「レンブラント」として美術史に名を残すことになったのです。

重厚感のある作風で人気を博したレンブラントでしたが、1650年代には時流から外れていき、徐々に顧客が離れていくことになります。財を成したオランダ人は、

レンブラント・ファン・レイン「夜警」1642年

徐々に同時代のフランス絵画的な優美な作風を好むようになったからです。

こうした需要の減少による経済的危機に加え、浪費癖もあったレンブラントは、資産をうまく管理できず、豪邸と収集していたさまざまな品々を手放し、1660年には町はずれの小さな借家に移り住むことになります。その晩年までアムステルダム随一の画家として評価され、1667年にはメディチ家のコジモ3世（在位：1670〜1723年）がレンブラントを訪れるほどでしたが、経済的には困窮してしまったのです。

レンブラントに限らず、17世紀のオランダの画家たちは、市民社会になったがゆえに、同時代の他国と違う、現代的な経済的苦労を抱えることになります。つまり、王侯貴族や教会といった圧倒的な富を誇る大パトロンではなく、市場を対象にする不安定さです。そのため、多くのオランダ人画家は副業を持っていました。レンブラントは美術商でもありましたし、日本でも有名なフェルメールは居酒屋経営者でもあったのです。

そのヨハネス・フェルメール（1632〜75年）についても触れておきましょう。生前は高い評価を受けていたフェルメールですが、19世紀半ばにフランス人の批評家がスポットを当てるまで忘れられた存在になっていました。生涯で残した作品が三十数点ほどと、あまりにも作品数が少ないうえに、その作品の多くが王室ではなく個人のコレクションに入っていたため、人々から注目を浴びることがなかったのです。

フェルメールが残した作品の多くは、市民たちの日常生活を描いた風俗画でした。そしてその作風は、他の地域のものに比べると上品であることが知られています。フェルメールが活躍したデルフトでは、近隣に住む宮廷人たちの注文を受けるため、上品な作風が求められたからです。

たとえば、男女の恋愛の駆け引きといった「節制」や「肉欲に対する戒め」を示唆するような、決して内容的には上品ではない風俗画でも、オランダの他の地方の風俗画と比べると、同じ意味を持つとは思えないほど静謐《せいひつ》な（静かで落ちついた）世界が広がっています。

レンブラント同様にフェルメールも時代に翻弄されます。1672年には、第三次英蘭戦争が起こり、フランスのルイ14世がイギリスと密約を取り交わし、打倒オランダをもくろんでオランダ南部に突如進軍します。その結果、オランダの国土が荒れ、経済が停滞してしまうのです。そのため、フェルメールは経済的に困窮し、破産状態で43年の生涯を終えています。

そして第三次英蘭戦争勃発とフランス軍の侵入は、オランダの国力自体も衰退させていき、それに伴いオランダ絵画の黄金時代も幕を閉じます。17世紀末にはオランダの画家の数は4分の1まで減少し、オランダ社会における絵画ブームは終わりを告げたのです。

その後、オランダ美術は長い沈滞期を迎えます。再びオランダ人画家

市民たちの日常生活を描いたフェルメールの「紳士とワインを飲む女」（1658～60年）

が美術史にその名を刻むのは、フィンセント・ファン・ゴッホ（1853〜90年）の登場まで待たなくてはいけません。

COLUMN

オランダ人を翻弄した17世紀の「チューリップ・バブル」

オランダといえばチューリップですが、1633年から1637年にかけて、オランダでは「チューリップ・バブル」が起こりました。

虚構に対する戒めが強いプロテスタント社会のオランダでは、富裕層もファッションで富を誇示することをよしとしない習わしがあり、節制をよしとするオランダ人は食生活も質素でした。

そんな彼らがファッションと美食の代わりに贅沢品として夢中になったのが、邸宅とそこを美しく飾る絵画であり、痩せたオランダの土壌でも栽培可能なチューリップだったのです。

郊外に建てられた豪華な別荘の庭園の花壇も、チューリップ・ブームに拍車をかけました。経済がヨーロッパで最も発展したオランダでは、都市貴族や財を成した商人階級の間でチューリップの花は贅沢品となり、愛好家が一気に増えたのです。

そうなると、人間は珍しい貴重な品種を求めるようになります。こうして、裕福なチューリップ愛好家の間では、最高品種や珍品種の球根の金額が高騰し、球根の栽培農場で財を成す人たちも生まれてきました。そして、絵画を商品化したオランダ人らしく、チューリップの球根も投機対象にしていったのです。

やがて、そのような社会の気運は職人階級にも広がります。バブル期の日本で、それまで株式投資に縁のなかった人たちまでもが踊らされたように、富裕層以外も球根取引に手を出すようになるのです。こうしてオランダ中の都市でチューリップの取引が盛んとなり、成長の予測が難しいにもかかわらず、球根の先物取引が生まれるほどになります。

しかし、1637年2月、ついにチューリップ・バブルは崩壊します。球根の価格は大暴落。投機にたずさわっていた人たちは、破産などの状態に陥ったのです。もちろん、こうした経済的な大打撃を受けたのは、都市貴族（レヘント／門閥一族）などの富裕層ではありません。損をこうむるのは、いつの時代も一攫千金を狙って手を出した人たちなのです。

ちなみに17世紀のオランダでは、絵画もチューリップの球根同様に投機対象になりました。

伝統的に欧米の上流階級では、美術品の貨幣価値を話題にすることは大変品のない行為と見なしますが、実利的な商人階級が社会の中核を成した当時のオランダらしく、絵画が資産としても強く意識されたのです。

なお、現代でも欧米では商談の場以外で金銭にまつわる話を大っぴらにすることはみっともない行為とされます。とくに美術に関しては、価格の話題に触れることは品のないことと見なされるため注意しましょう。

第3部

フランスが美術大国になれた理由

“偉大なるフランス”誕生の裏側

絶対王政とルイ14世

フランス古典主義

ルイ14世が作りあげた「偉大なるフランス」

オランダ人が「黄金の世紀」と呼んだように、フランス人が誇らしげに「偉大なる世紀（グラン・シエクル）」と呼ぶ17世紀は、フランスが政治的にも、そして文化的にも大きな発展を遂げた時代でした。絵画や建築の分野で「古典（規範）」が確立され、フランス文化の基盤が築かれたのです。

17世紀のヨーロッパ各国を席巻していたのは、劇的でダイナミックなバロック美術でしたが、フランスは独自の「フランス古典主義」を生み出します。文化的先進国だったイタリアの文化をそのまま「輸入」するのではなく、フランス独自の様式を確立したのです。

フランス古典主義が発展した背景には、ルイ14世による絶対王政の確立がありました。

1643年、5歳で王位を継承したのが「太陽王[※14]」ルイ14世（在位：1643〜1715年）です。少年時代に貴族たちによる反乱「フロンドの乱」を経験したルイ14世は、こうした反乱を二度と許さないという、絶対王政への強い決意がありました。

1661年にルイ14世自らが政治を行う親政が始まると、強力な絶対君主制（絶対王政）を確立していきます。その象徴となったのがヴェルサイユ宮殿です。ルイ14世は、貴族たちを自分の支配・管理下に置くために、この巨大な宮殿内に、彼らに部屋を与え居住させました。すべての宮廷生活の中心がルイ14世であり、まさしく太陽であ

■ルイ 14 世時代のフランスの主な出来事

西暦	出来事
1643年	ルイ 13 世が死去。弱冠 5 歳という年齢で、ルイ 14 世が即位。
1648年	フロンドの乱
1661年	ルイ 14 世の親政が始まり、強力な絶対王政を確立していく
1672年	オランダ戦争
1682年	ルイ 14 世が王宮をヴェルサイユ宮殿に移す
1701年	スペイン継承戦争
1715年	ルイ 14 世死去。曾孫のルイ 15 世が即位

る王を中心に、惑星や衛星となって貴族たちが過ごしていたのです。

ルイ14世は見学を許された宮廷人の前で「起床の儀」を執り行い、それこそ「就寝の儀」まで、朝から晩まで舞台に出ずっぱりの役者のような日々を過ごしました。当然、寵愛を受けるために貴族たちは常にヴェルサイユに居なくてはならなくなったのです。

こうした絶対王政を確固たるものにするために、フランスは政治だけでなく美術まで中央集権化し、国王の栄光を高めるために利用しました。その結果、美術も国王の僕《しもべ》として、王権とフランスの威光を高める公的な様式を確立することになるのです。

かつての芸術後進国フランスで、美術家たちが抱えたジレンマとは？

そこで重要な役割を果たすのが、パリに設立された王立絵画彫刻アカデミーです。1648年にフランスの美術家たちが主導し、国家に承認を願って設立されたこのアカデミーは、王権とフランスの威光を高めるという指針の下、フランスの美術界を大きく変えていくことになります。

もちろん、それまでにもパリには他のヨーロッパの都市同様、画家や彫刻家が生計を立てるために所属する同業者組合（ギルド）が存在していました。それにもかかわらず、なぜ美術家たちは、改めてわざわざ国家の承認を求め、王立絵画彫刻アカデミーを創設させたのでしょうか。

この背景を知るには、当時のフランス社会における画家や彫刻家が置かれていた社会的な地位を知る必要があります。忘れてはならないのは、１６４８年の王立絵画彫刻アカデミー創設当時、フランスはまだ「芸術の国」でもなんでもなく、イタリアこそが芸術の先進国であったことです。17世紀初頭のパリは芸術の規範を学ぶ場所ではなく、ルーヴル美術館なども存在しませんでした。

一方、ルネサンス発祥の芸術先進国イタリアでは、16世紀を迎える頃には、すでに芸術家および芸術品という概念が生まれ、それらは職人および工芸品という概念から切り離されていました。フランスでは、その存在の認識さえなかったのです。

そこで痺れを切らしたのが、一部のフランスの画家、彫刻家たちでした。彼らは職人の同業者組合では充分ではないと考えたのです。

その理由のひとつが、当時のフランス美術界全体の作品の質が低下していたことです。同業者組合は、日本の年季奉公とは違い、弟子が親方に修業代や食費等を支払わなければならず、いわば職業訓練学校のようなものでした。その結果、他人ではなく家族や親族内で師弟関係を結ぶことが多く、また親方は自分の娘を有望な弟子と結婚させることも多くなり、いわゆる「家業」といわれるものになっていたのです。

したがって、当然ながら仲間意識も強く、よそ者に対して排他的になりました。実際、パリの同業者組合は、パリ市民や親方の子弟の組合加入料を安く設定し、反対に地方出身者や縁故のない者の加入料を高く設定していたのです。

このような縁故重視の内情は、結果として作品の質の低下を招くことになりました。当時の宮廷画家が縁故による世襲化を進めていたことも重なり、フランス美術界全体の品質は低下していたのです。この状況を変えることが、王立絵画彫刻アカデミー設立の理由のひとつでした。

そしてもうひとつ、美術家の地位向上も大きな目的となりました。17世紀のフランスは、当然のことながら階級社会でした。平民のホワイトカラーの階層は、学者など知識人が頂点を成し、その下に財務官職保持者、そして医者や薬剤師などの専門職が来て、一番下に商人が位置していました。

そして、その下にブルーカラーが来るのですが、農業経営者がこのグループでは一番上の階層に属し、その下に画家や彫刻家が属する職人階級があり、最下層を労働者が構成していたのです。いわゆるブルーカラーは、生活のために手を用いて仕事をする人々と考えられていたため、職人階級に属する画家や彫刻家はエリートとはかけ離れた存在とされていたことがわかります。ブルジョワ階級の人間が画家や彫刻家になることは、社会的に不名誉なことと見なされたくらいだったのです。

しかし、いくら職人階級に属しているとはいえ、王族のお抱え宮廷画家になった者は、職人風情丸出しで王族に接し、宮廷に出入りするわけにはいかなかったのは想像に難くありません。その結果、彼らは服装や物腰、言葉遣いなども職人階級のものではなくなり、さらに外見だけでなく意識も宮廷人化していったのでした。

しかし、そんな自意識とは反対に、現実的な身分は変わりません。この自意識と現実との落差が、彼らの中の葛藤を生んだのです。いわゆる「アイデンティティ・クライシス」に陥ったのでした。その結果、彼らは、職人芸と見なされていた自分の職業を、何としても高尚な「自由学芸」のひとつとして認識されるようにしたかったのです。

そのために、彼らがお手本として目を向けたのが芸術先進国であるイタリアでした。イタリアでは、画家・建築家・文筆家のヴァザーリが、1563年にフィレンツェで、芸術学校「アッカデミア・デル・ディゼーニョ」を創設しました。1571年以降、このアカデミアに属する画家と彫刻家は、フィレンツェで仕事をするために義務づけられていた同業者組合への入会が必要なくなりました。

さらに、ローマでは1577年に芸術家協会「アッカデミア・ディ・サン・ルカ（聖ルカ協会）」が創設され、画家や彫刻家の知的側面の向上と、職人から芸術家への社会的地位向上を図りました。

こうした職人の同業者組合ではなく、知性を重んじる文化的な「アカデミー」という概念がイタリアからフランスに渡ってきたのです。こうして、エリート意識を持ち始めた画家や彫刻家が、職人の身分に属する同業者と区別されるために、ルイ14世の勅許《ちょっきょ》を仰ぎ創設を許されたのが王立絵画彫刻アカデミーだったのです。

階級社会だった旧体制時代におけるフランスのアカデミーのエリート意識は、アカデミー会員が作品の販売に携わることを厳しく禁じたほどでした。貴族が商売をしないことと同じだという考えがあったのです。

こうしてフランスでは、「芸術家＝知識人」という強烈なエリート意識が社会に浸透していったのです。そう考えると、現代においても、フランスの芸術家の社会的地位が日本に比べてはるかに高いことに頷けることでしょう。

「プッサン知らずして、フランスの美を語るなかれ」

1663年、アカデミーの会長に就任したシャルル・ル・ブラン（1619〜90

年）の下に確立したのが、ニコラ・プッサン（１５９４〜１６６５年）の美術理論を基にしたフランス古典主義でした。

人生の円熟期のほとんどをローマで過ごしたプッサンでしたが、大勢の知識エリートと見なされた友人や顧客をフランスに持ち、彼らを通じてプッサンの作品はフランスにもたらされました。そして、弟子ル・ブランやプッサンのパリでの修業時代の友人でアカデミーの創設メンバーの一人でもあったフィリップ・ド・シャンパーニュ（１６０２〜７４年）などがプッサンの絵画理論をフランスで広めたのです。

その結果、「プッサン知らずして、フランスの美を語るなかれ」ともいうべき、ニコラ・プッサンこそがフランス美術の「規範」となったのでした。

知識人であり、文人画家であるプッサンの画家としてのあり方、そして彼の哲学性が高い知的な特質を強調した絵画および絵画理論は、自由学芸との同一化を目指すアカデミーにとって、そして同業者組合との差別化を図りたい会員たちにとっての手本となりました。

プッサンは、審美眼がなく教養にも欠ける大衆に迎合することをよしとしませんでした。その結果、教会の祭壇画のような公的な仕事をできるだけ避け、裕福で教養のある上流階級の顧客のための私的な作品を制作するようにしました。そのため、単純に眼だけを楽しませるような作品ではなく、知性と理性に訴えることによって感動させる作品を描くことができたのです。

さらに、主題は高貴でなければならないと考えたプッサンは、大衆は単純に色彩に魅了されると見なし、それすなわち俗悪と考えました。彼は絵画制作において、感覚に訴える色彩ではなく、知性と理性に訴えることができるフォルムと、秩序に基づいた安定した構図を重視したのです。プッサンが友人にあてた手紙から言葉を借りるならば、「知的に絵を読む」ということです。

日本人の多くがフランスの芸術を語る際に「感性」というあいまいな言葉を使いますが、むしろフランス的とされるのは、プッサン芸術において視覚化されている「明晰な精神と理性」です。

こうしたプッサンの制作姿勢および芸術理論が、アカデミーおよびその配下にあった王立絵画彫刻学校の公的な美の規範、すなわちフランス古典主義となります。均整のとれた構図や理想的で彫像的な人物によって、秩序と調和、そして節度と理性を重視するフランス古典主義が確立したのです。

ちなみに、19世紀においても、新古典主義としてプッサンの古典主義の復活を担ったジャック＝ルイ・ダヴィッド（1748〜1825年）や、その後継者ジャン＝オーギュスト＝ドミニク・アングル（1780〜1867年）たちが、プッサンを画家お

フランス古典主義の基になったニコラ・プッサンの絵画（上から「サビニの女たちの略奪」1633～34年、「アルカディアの牧人たち」1638年頃、「ソロモンの審判」1649年）

よび絵画理論の理想として捉えていました。
そしてその反動が、革新的で前衛的な画家たちによる、印象派などの19世紀後半のフランス近代絵画の発展へとつながるのです。

こうしてルイ14世の治世下で形成されていったフランス古典主義でしたが、1715年9月1日、77歳の誕生日の4日前に、ついにフランスの太陽は沈みます。そして、王太子にも孫にも先立たれたルイ14世の後を継いだのは、自分が即位した年齢と同じ5歳の曾孫ルイ15世（在位：1715〜74年）でした。

ブルボン朝きっての美男子だったルイ15世でしたが、政治的には不決断で怠惰だったため、フランスの政治と経済は問題が山積みになっていきます。そのつけは、孫のルイ16世夫妻が、フランス革命時に断頭台の露と消えることによって支払うことになるのですが、そのような大革命の予兆などまったく感じさせない健康的で華やか、そして甘美で軽快な芸術が革命直前のフランスで生まれます。優雅で流麗なロココ時代の到来です。

※14　ルイ14世が宮廷舞踊の際に、ギリシャ神話の太陽神・アポロンに変装して踊ったことから「太陽王」と呼ばれたとされている

COLUMN

古典主義以前のフランス様式

実はフランスでは、独自の古典主義を確立する以前にも、フランスならではの洗練された宮廷様式が存在していました。

この宮廷様式の発展については、フランソワ1世（在位：1515～47年）を抜きにしては語れません。彼は、レオナルド・ダ・ヴィンチを庇護した、偉大な絵画コレクターとしても知られています。たとえば、あの「モナ・リザ」がフランスにあるのも、フランソワ1世のおかげなのです。ルーヴル美術館は、フランス革命後に国有化された王室の美術コレクションを一般公開したものですが、そのうちイタリア・ルネサンス絵画の至宝の多くはフランソワ1世の絵画コレクションなのでした。この

元々はフランソワ１世のコレクションであった「モナ・リザ」（1503～06年頃）

フランソワ1世によって、イタリアより1世紀ほど遅れてフランスにもルネサンスの風がそよぐことになるのです。

フランソワ1世は、フォンテーヌブロー宮殿やシャンボール城、そしてルーヴル宮殿の改築などの建築プロジェクトを推し進めました。そして、この建築プロジェクトをきっかけに、新たに優美で洗練された官能性を湛えた「フォンテーヌブロー派」と呼ばれる様式が発展するのです。

フォンテーヌブロー宮殿の室内装飾のために招かれたロッソ・フィオレンティーノ、フランチェスコ・プリマティッチオ（1504〜70年）らルネサンス期のイタリア人画家と、フランドル人や地元フランスの芸術家たちが共に仕事にたずさわったことで、それぞれの国の絵画文化・伝統が融合された、新たな芸術様式が誕生したのです。

ファンテーヌブロー派は、後期ルネサンスのマニエリスムに、宮廷社会だったフランスならではの優雅さを加えた裸体描写が特徴的です。歴代の王たちの愛妾《あいしょう》を描いた「狩りの女神ディアナ」や「ガブリエル・デストレとその姉妹」などがその代表例と言えます。

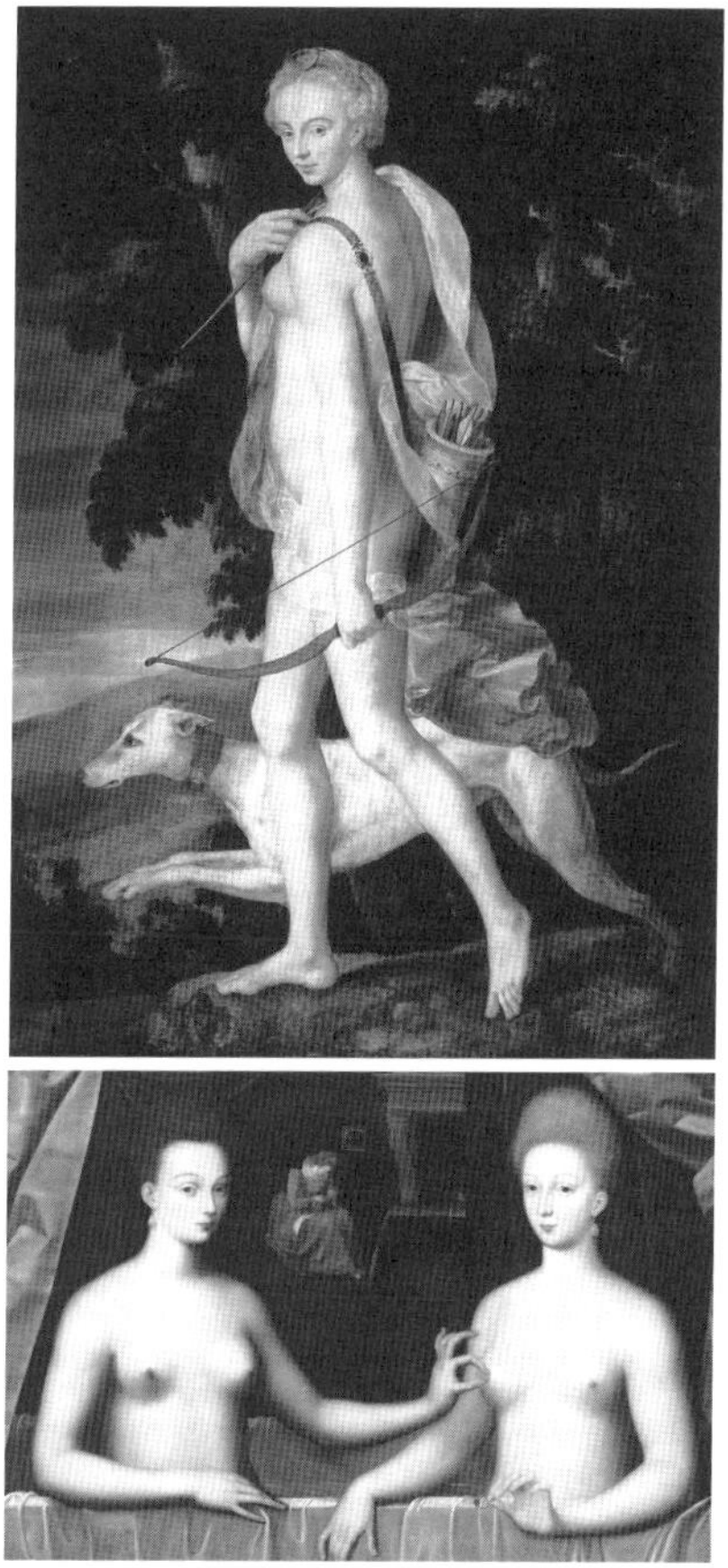

フォンテーヌブロー派の代表的な作品（上：作者不明「狩りの女神ディアナ」1550年頃、下：作者不明「ガブリエル・デストレとその姉妹」1594年頃）

ロココ

革命前夜のひとときの享楽

「王の時代」から「貴族の時代」へ

1715年にルイ14世が死去すると、太陽王時代の重苦しい宮廷生活から解放された宮廷人を中心に、繊細で華やかな「ロココ文化」が生まれてきます。ルイ14世の絶対王政の下に生まれた厳格な文化の反動とも言える文化・様式です。

17世紀のフランス文化が「王の時代」で男性的なものだとするならば、18世紀のロココ文化は「貴族の時代」であり、女性的な文化と言っても過言ではないでしょう。

宮廷社会そのものが女性化し、ルイ14世の死後は男性の服装も華美になっていきます。当時の王であったルイ15世も、曾祖父と違って淡い明るい色を好みました。

すると当然ながら、宮廷人、そしてパリのブルジョワジーも王にならうことになります。それまでは女性的な色合いとされたパステル調の衣服が男性にも流行し、老人でさえ銀糸の刺しゅうを施したバラ色のジレ（ベスト）を着るようになります。老若男女を問わず、17世紀には考えられなかった贅沢で華美なファッションが、貴族やブルジョワジーに定着していくのです。

こうした見た目重視の華美なファッションは、度を越していきます。たとえば、最近のビジネススーツにもタイトな仕上げのものは多いですが、18世紀の男性のズボン（半ズボン）には、座ることができないほどタイトなものもありました。宮廷のエチケットによって着席できる時とできない時があったため、着席用とそうでないものを用意する人までいたくらいです。

また、ファッションの変化に伴い、男性の髪型（通常はかつら）も女性化しました。ルイ14世時代のように威厳を表すものではなく、後ろにたれた髪をリボンで束ねるなど、その美しさを競うようになります。女性の髪型と区別がつかない人も多くいたほどでした。

さらに、男性の趣味ですら女性化します。ルイ15世を含む王侯貴族が、刺しゅうを趣味とするようになったほどです。いかに18世紀が、女性的な時代だったかがわかります。

ルイ16世（在位：１７７４〜９２年）の時代になると、女性の髪型の「高さ競争」が始まりました。髪が高すぎて馬車に乗れない人が現れたほどです。１７７８年には、舞台が見えなくなるという理由で、オペラ座に高い髪型で入場することが禁止されています。このことからも、その高さが異様だったことがわかるでしょう。

また18世紀には、男性の化粧も当たり前となります。髪粉を用いた白や灰色のヘアー・スタイルを際立たせるために、頬などに赤い化粧品を使用するほどでした。もちろん、その化粧を台無しにする髭などは論外です。結果、18世紀のフランスでは男性の顔から髭が消えてしまうのでした。

当然、女性の化粧もエスカレートし、白粉《おしろい》でしっかりと顔を塗って赤い顔料で化粧をし、さまざまな形をしたウールや絹製、またはビロード製の「つけぼくろ」を顔に付けて肌の白さを際立たせました。18世紀の女性の肖像画で、目尻に描かれている黒い斑点を見つけたら、加齢によるシミではなく「つけぼくろ」だと思ってください。

勃発した「理性」対「感性」の戦い

もちろん、今まで記してきたことは王侯貴族たちに限られたことです。しかし18世紀という旧体制時代では、文化・流行の潮流を作っていたのは王族であり、その周りにいた上流貴族と彼らに憧れる上層市民たちでした。

そのため、建築、絵画、室内装飾もまた、宮廷人たちの好みに合わせ発展していきます。女性的な嗜好を持ち、美の悦びを求めるようになった彼らのために、絵画もまた、理性に訴えるデッサンを重視したものではなく、感覚に訴える色彩が重視されたものが台頭していくのです。これが、「ロココ絵画」時代の到来です。

ロココ絵画の芽生えは、17世紀末にさかのぼります。17世紀末、王立絵画彫刻アカデミーの会員の間でニコラ・プッサンを規範とするフランス古典主義に異を唱えるグループが出てきました。彼らは「プッサン派」に対して「ルーベンス派」と呼ばれます。ヴェネツィア派の巨匠たちの影響を受け、豊麗な色彩表現で画面を構成した「王たちの画家にして画家たちの王」ことピーテル・パウル・ルーベンスを規範とするグループです。

理性に訴えるデッサンのほうが感覚に訴える色彩よりも高尚だとする「プッサン派（デッサン派）」に対して、「ルーベンス派（色彩派）」は自然に忠実な色彩は万人に対して魅力的であると主張しました。「ルーベンス派」は、理性的なデッサンは専門家にしか〝受けない〟と信じたのです。「理性」対「感性」、つまり「デッサン」対「色彩」の戦いの始まりです。

その後、両派の戦いの軍配はルーベンス派にあがります。1690年、プッサン派のル・ブランが世を去り、代わりにルーベンス派のピエール・ミニャール（1612〜95年）が国王主席画家、そしてアカデミーの会長の地位を引き継ぎます。さらに、18世紀に起きた「軽やかで優雅な貴族趣味」を象徴するロココ文化の到来により、絵画においても感覚に訴える色彩が求められるようになったからです。

ロココ絵画の三大巨匠

ロココ絵画の開幕を告げたのは、フランス人ではなくフランドル出身のジャン＝アントワーヌ・ヴァトー（1684〜1721年）でした。貴族趣味を象徴するようなロココ絵画の生みの親である彼の作品には、彼よりも後に登場するロココ絵画とは違い、ただ享楽的なだけでなく、気品ある叙情性や甘美で繊細な感受性といった魅力があふれています。

たとえば、王立絵画彫刻アカデミーへの入会審査作でもある「シテール島への巡礼」では、若い8組の男女の島での甘美で切ない恋模様を、幻想的な舞台のように描いています。歴史画でもなく風俗画でもないこの作品を、アカデミーは「雅やかな宴」と記録しました。現在の美術史では、これを「雅宴画《がえんが》」と訳すことが多いです。優雅に装った人々が、田園風景の中で楽しむ社交や恋の駆け引きの情景が雅宴画の主題と見なされ、ヴァトーはその先駆者とされました。

36歳で世を去ったヴァトーの後、雅宴画のジャンルは弟子のジャン＝バティスト・パテル（1695～1736年）や弟弟子のニコラ・ランクレ（1690～1743年）に継承されていきました。ただし、二人の作風にはヴァトー特有のメランコリーや情緒、そして詩情性といったものはなく、軽快で無邪気な享楽性だけが漂っています。

ジャン＝アントワーヌ・ヴァトー「シテール島への巡礼」1717年

明るく軽やかなパステル画が流行したのも18世紀のロココ時代です。そのパステル画の肖像画で、現在にもその美貌を伝えているのがルイ15世の公妾《こうしょう》（王の公式の愛人）だったポンパドゥール侯爵夫人（1721～64年）です。伝統的に国王の公妾は既婚の貴族女性でなければ

モーリス・カンタン・ド・ラ・トゥール「ポンパドゥール夫人の肖像」1748〜55年

なりませんでしたが、彼女はブルジョワ階級出身でありながら公妾として宮廷にデビューしました。とても幅広い教養の持ち主で、まさに才色兼備とは夫人のことを指し、フランスの文化・芸術の発展に大きく貢献したことでも有名です。

ポンパドゥール夫人の庇護を受け、ルイ15世の国王主席画家となり、アカデミーの会長にまで就任したのがフランソワ・ブーシェ（１７０３〜７０年）です。ルイ15世時代の宮廷や上流社会の空気を反映した官能性が強いブーシェの作風は、19世紀における印象派のルノワール（１８４１〜１９１９年）に多大な影響は与えたほどです。ルノワールは、最も好きな作品のひとつに、ブーシェの「ディアナの水浴」をあげています。ブーシェはその多方面に渡る目覚ましい活躍から、先駆者ヴァトー以上にロココ絵画を代表する画家として美術史に名を残すことになりました。

ヴァトーとブーシェに並ぶロココ三大巨匠として、ロココ絵画の最終幕の主役となったのがジャン＝オノレ・フラゴナール（１７３２〜１８０６年）です。フラゴナー

右：ジャン=オノレ・フラゴナール「ぶらんこ」1768年頃
左：フランソワ・ブーシェ「ディアナの水浴」1742年

ルは、華麗なブーシェ芸術の精神をより明るく快活に、そして時に破廉恥《はれんち》なほど奔放な作風で表現しました。

とくに、性行為そのものと不倫の世界をあからさまに描いた「ぶらんこ」が有名で、市民階級とは違った結婚観・恋愛観を持っていた当時の貴族社会、そして人生の悦楽・喜びを追求していたルイ15世時代の雰囲気がよくわかる作品と言えます。

ちなみに、フラゴナールがこのような不謹慎な作品を描くことができたのは、彼が王立絵画彫刻アカデミーの会員ではなかったからです。

それゆえ、彼はアカデミー的価値観に束縛されない自由な作風で人気を博したのでした。

聞こえてきた「フランス革命」の足音

しかし18世紀末に起きた絶対王政に対する市民の反乱「フランス革命」の後、社会と人々の意識の変化によって、享楽的なロココ絵画は、退廃的な王侯貴族のライフスタイルを象徴するものと見なされるようになります。ロココ絵画の三大巨匠である、ヴァトーやブーシェ、フラゴナールも、フランス革命後は評価を酷く落とすことになるのです。再びロココ絵画の地位が向上するのは、革命から半世紀以上も待たなければなりません。産業革命が発展したフランス社会でブルジョワ化が進むことによって、貴族文化に憧れるブルジョワジーたちが、再び王朝文化にスポットを当てたことによってその価値が見直されたのでした。

ちなみに、フランス革命の予兆は、ロココ絵画時代に生まれた美術からも読み取ることができます。王侯貴族の享楽的な文化を象徴したロココ絵画が時代を席巻する中、それとは距離を置く形で、物語性の強い教訓的な風俗画も登場しているのです。このことから、当時のフランスにおける市民階級の台頭がわかります。

その風俗画で人気を博したのがジャン＝バティスト＝グルーズ（1725〜1805年）です。グルーズの描写は、通俗的で感傷的過ぎるきらいがあるものの、中産階級の価値観を啓蒙的に描き、市民階級層から多大な支持を得ました。

また、ジャン＝バティスト＝シメオン・シャルダン（1699～1779年）も、堅実な市民社会の日常を誠実に描いた風俗画と、迫真的で写実性の高い静物画で名声を博しました。静物画においてもその堅固な構図と構成力の高さは、秩序と調和を重視するフランス絵画らしい特徴が表れています。

ちなみに、風俗画といえばネーデルラント絵画が十八番とするジャンルですが、ネーデルラントのものに見られる世俗性の強さや大衆的な野卑《やひ》さはフランスの風俗画には見られません。はるか昔のゴシック時代から、宮廷が牽引してきたフランス美術は伝統的にエレガントなものを好む傾向があるのです。

ジャン＝バティスト＝シメオン・シャルダン「食前の祈り」1740年

当時の啓蒙主義者たちから称賛されたグルーズとシャルダンの作品からは、享楽性の強いロココ時代において、市民階級の中核を成す中産階級の日常および価値観を垣間見ることができます。そして、彼らの作品を通して、やがて革命という大きなうねりが押し寄せてくる18世紀後半のフランス社会をうかがい知ることもできるのです。

皇帝ナポレオンによるイメージ戦略

新古典主義、ロマン主義

フランス革命と「新古典主義」の幕開け

1789年7月14日、ブルボン朝による絶対王政を倒そうとする市民革命「フランス革命」が勃発します。当時のフランスでは、宮廷の膨大な浪費や対外戦争の失敗によって国家の財政は破産に瀕していました。そうしたなか、自分たちの地位向上と自由を求める市民階級、そして重税と貧困に苦しむ民衆たちの要求、怨嗟《えんさ》が巨大なエネルギーとなり、革命が生み出されたのです。そしてついに1793年には、国王ルイ16世と王妃マリー＝アントワネットが処刑され、ブルボン朝は崩壊。国民から国家のリーダーを選ぶ「共和制」が始まりました。

ちょうどこのフランス革命が起きる直前、美術界でも革命の兆しが見えていました。ジャック＝ルイ・ダヴィッドがローマで制作し、1785年にパリのサロンに出品した「ホラティウス兄弟の誓い」によって新古典主義の幕が開かれたのです。

ジャック＝ルイ・ダヴィッド「ホラティウス兄弟の誓い」1784年

古代ローマの建国にまつわる伝承を主題にしたこの作品では、恋愛至上主義だったロココ絵画とは対極的に、自分たちの命をかけて祖国と信念のために戦う行為が描かれています。色調を抑え、堅固な構図の中に明確なデッサンで描かれた彫刻的な人物像は、ラファエロやニコラ・プッサンに通じる絵画芸術における古典主義への回帰が明らかで、それゆえに新古典主義と呼ばれます。

その後ダヴィッドは、革命直前に「ブルートゥスの家に息子たちの遺体を運ぶ警士たち」を描いています。これは、紀元前509年に王政を廃し、共和制ローマの初代執政官となったルキウス・ユニウス・ブルートゥスが、祖国を裏切った息子二人を法に従い死刑に処し、共和制を断固として維持した故事です。当然、この作品は共和制を讃美する作品として熱狂的に支持されました。

ただし、この2点の歴史画は共に、皮肉にもルイ16世のために描かれたものでした。そのため、ダヴィッドが共和制への理想や希望、道徳観や倫理観を込めて描いたかどうかは今となっては知るよしもありません。しかし、フランス革命勃発後のダヴィッドは、革命政府に加担し、ルイ16世の処刑に賛成の票を投じています。そして、ナポレオンが登場することによってその庇護の下、フランス美術界の独裁者としてナポレオンと運命を共にすることになるのです。

ジャック＝ルイ・ダヴィッド「ブルートゥスの家に息子たちの遺体を運ぶ警士たち」1789年

現代の政治家顔負けの「ナポレオン」のイメージ戦略

1804年5月、国民投票によって新たにフランスの皇帝に選ばれたのが、ナポレオン・ボナパルトです。ナポレオンは、革命後のフランスの混乱を収め、軍事独裁政権を樹立します。

ナポレオンは、「国王」ではなく古代ローマ将軍と同じ「皇帝」という称号を使いました。これはナポレオンが、古代ローマを強く意識していたからです。

たとえば、ナポレオン時代の建築や室内装飾、そして家具などの工芸品は、ローマ帝国を強く意識した様式となっています。さらに、パリの2つの凱旋門（カルーゼルとエトワール）とヴァンドーム広場の記念柱も、古代ローマの凱旋門とトラヤヌス帝の記念柱の模倣で、対外戦勝を祝福するためにナポレオンの命によって建築が始まったものです。いかにナポレオンがローマ帝国の皇帝を強く意識していたかがわかります。

ナポレオンが皇帝に即位すると、ダヴィッドは皇帝主席画家の地位を獲得します。古代ローマの理性と倫理観を理想に掲げた革命主義者たちにとっても、そして自らを古代ローマ皇帝に擬《なぞら》え帝政の権威を高めようとするナポレオンにとっても、メッセージ性が強く、古典的な理想美を規範とするダヴィッドの新古典主義こそが相応しい芸術様式だったのです。

ナポレオン自身は美術愛好家というよりも、美術品が持つ「力」を強く認識していた人物でした。対外戦争の戦利品として美術品を貪欲に持ち帰り、それらをルーヴル宮の自身の名を冠した「ナポレオン美術館」で公開し、その威光を誇示したように、美術品そのものよりもその総合的な力を認識していた人物だったのです。絶対王政を築いたルイ14世も、自身の威光をフランス古典主義によって視覚化しましたが、ナポレオンも同様に、建築や美術のイメージの力を自分の政権と権力に結びつけ、自分の帝位と帝国のイメージ作りに利用する傾向が顕著でした。

たとえば、皇帝になる前にダヴィッドに描かせた「ボナパルト（ナポレオン）のアルプス越え」は、実際は馬で峠越えできるような場所ではなく、ナポレオンもラバに乗って峠を越えました。それにもかかわらず、国家元首の象徴でもある白馬に前脚を跳ね上げさせ突撃の命令を下しているところから、ナポレオンのイメージ作りのための作品だったことがわかります。

また、舞台になったのはアルプスのサン＝ベルナール峠で、この場所自体がヨーロッパの中央を制圧したことを象徴しています。足もとの岩には同じようにアルプスを越えてイタリアに進軍した英雄たち、古代カルタゴの将軍ハンニバル（紀元前２４７～前１８３／１８２年）と中世のローマ皇帝シャルルマーニュの名が刻まれています。

ダヴィッドはこの絵の複製を少なくとも4枚製作し、弟子たちにも数枚製作させています。その結果、この肖像画は誰もが知る英雄ナポレオンのイメージとして定着しました。このイメージが、皇帝になる際の国民投票で有利に働かなかったわけがありません。まさに現代の政治家のポスターにもつながる、イメージ戦略の先駆者だったのです。

また、ダヴィッドが描いた「皇帝ナポレオンの聖別式と皇妃ジョゼフィーヌの戴冠式」も、ナポレオンの権力を示した印象的な作品です。この作品では、1804年12月2日にパリのノートルダム大聖堂で執り行われた戴冠式において、ローマ教皇を前に、ナポレオンがジョゼフィーヌに冠を授ける場面を描いています。本来であれば、ローマ教皇が外国に赴き戴冠式を行うなどありえないことであり、ナポレオンが教皇のいるローマに出向くべきです。しかしナポレオンは、ローマ教皇をパリまで呼び寄せたのでした。つまり、ナポレオン

ジャック=ルイ・ダヴィッド「ボナパルト（ナポレオン）のアルプス越え」1801年

ジャック＝ルイ・ダヴィッド「皇帝ナポレオンの聖別式と皇妃ジョゼフィーヌの戴冠式」1805〜07年

の権力を知らしめる絶好の大イベントをダヴィッドに描かせたのです。

　そして当初は、よりナポレオンの権力を誇示する内容が描かれる予定でした。実はこの戴冠式でナポレオンは、教皇が冠をかぶせようとしたところ、それを両手で受け取り、自ら冠をかぶってしまいます。位の高い者から低い者に冠を授けるという、これまでの決まり事を守らなかったのです。当初ダヴィッドは、このナポレオンが自ら頭に冠を載せる場面を描く予定でした。しかし、あまりにも乱暴で不遜であり、観るものに威圧的な印象を与えるという理由から、弟子の進言を受け、その場面は現在のものに変更されたのです。

再び起こった「理性」対「感性」の争い

ナポレオンの失脚後、ルイ18世（在位：1814～24年）による王政復古が起こると、ルイ16世の処刑に賛成票を投じていたダヴィッドは、その罪を問われブリュッセルに亡命しなくてはならなくなります。そして、ダヴィッドは1825年に同地にて客死します。

ダヴィッドの死後、数多い弟子の一人ジャン＝オーギュスト＝ドミニク・アングルが、ダヴィッドの後継者としてフランス美術界における新古典主義を牽引していくことになります。

裸婦像を得意としたアングルはダヴィッドほど英雄的で男性的ではなく、どちらかというと優美で女性的な表現を得意としました。また、新古典主義の旗手らしく、構図の安定を重視するあまり本来の人体のプロポーションを無視した作品「グランド・オダリスク」が有名です。

1824年に美術アカデミーの要請でイタリアから帰国した44歳のアングルは、台頭するロマン派（色彩派）に対抗する新古典派（デッサン派）の代表に祭り上げられ、フランス美術界におけるデッサン派を牽引していくことになります。

こうして、再びフランス美術界における、アングル率いるデッサン派（新古典主義）

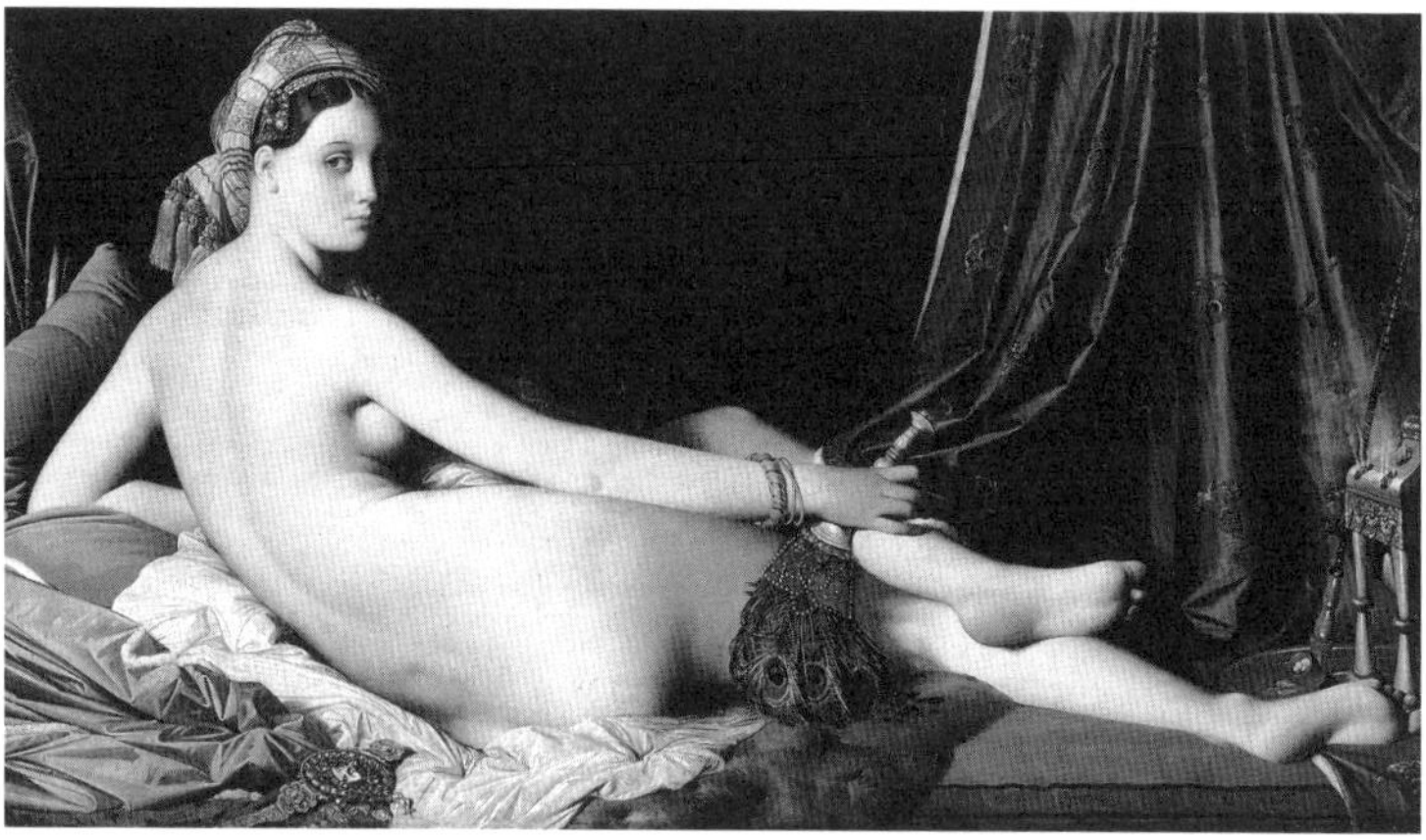

ジャン＝オーギュスト＝ドミニク・アングル「グランド・オダリスク」1814年

と色彩派（ロマン主義）の対決が勃発するのです。

これは、17世紀末に王立絵画彫刻アカデミーで起こった「プッサン派」対「ルーベンス派」の対立の再発でした。新古典主義がデッサンと理性を重視したのに対し、ルーベンス派の「子孫」であるフランスのロマン主義は、色彩と感性を重視しています。さらに、ルーベンスの作品のようにドラマティックな構図もロマン主義の特徴です。

ロマンという言葉自体は、18世紀末に流行したロマンス語（イタリア語やフランス語など、かつてローマ帝国の民衆の話し言葉だった俗ラテン語を起源とする言語）で書かれた中世の歴史物語（ロマンス）に由来しています。伝統的に「高貴」とされた歴史画の主題である神話や聖書がラテン語で書かれていたことに対し、ロマンス語で書かれていたロマンスゆえの「ロマン主義」なのです。

したがって、文学が主題の場合は、古代ギリシャの叙事詩や古代ローマのラテン文学などよりも、ロマンス語で書かれたダンテ・アリギエーリ（1265〜1321年）やウィリアム・シェイクスピア（1564〜1616年）の作品が好まれました。また、ロマン主義における歴史趣味は、聖書の経典よりもキリスト教の伝説に、そして古代史ではなく、「アーサー王伝説」のような中世の騎士道物語や身近な近世史が好まれました。

そしてロマン主義では、同時代の事件さえも「歴史」として主題に取り上げました。ロマン主義の幕を開けた作品が、テオドール・ジェリコー（1791〜1824年）の「メデューズ号の筏《いかだ》」です。彼は実際に起きたフリゲート艦メデューズ号の難破事件に衝撃を受け、救命ボートに乗りきれなかった人たちに起きた悲劇的な出来事を描いています。当初、ブルボン復古政府はこの事件をひた隠しにしましたが、生存者の手記によって世間の知るところとなり、社会的な事件となったのです。

この作品を発表した際、ジェリコーは美術界からは大きな批判を受けることになります。なぜならジェリコーは、当時の美術界の常識を無視して、巨大なカンヴァスに一般市民の事件を描いたからです。たとえ悲劇といえども、庶民に起こった出来事を

テオドール・ジェリコー「メデュース号の筏」1818〜19年

歴史画にしか許されない大画面で描くなど考えられない時代でした。しかし、この作品は当時の若い画家たちに多大な影響を与えます。そして、感情や感性、個性、人間の本質的な内面を自由に表すロマン主義が大きく発展していくことになりました。

落馬事故による怪我がもとで32歳の生涯を閉じたジェリコーのあと、ロマン主義を牽引し完成させたのがウジェーヌ・ドラクロワ（1798〜1863年）です。ロマン主義を象徴する画家となる彼は、ルーベンスの影響を受け、流動的な構図や鮮烈な色彩、そして闊達な筆使いによる多種多様な主題とジャンルによって、新古典主義を牽引したアングルと共に19世紀フランス美術界の双壁をなしました。

ドラクロワが描いた主題は、中世史から現代史、文学にオリエンタリズムと多彩で、そのジャンルも神話画や宗教画、風俗画的人物像や裸婦像、そして風景画に静物画と多岐にわたりました。しかし、すべてのジャンルに通ずる共通点があります。それは、観るものに訴え、そして圧倒する情熱と激情です。

1824年にドラクロワが発表した「キオス島の虐殺」では、ギリシャ独立戦争（1821〜29年）の際にキオス島で起こった、トルコ軍による住民大虐殺事件を描いています。ジェリコーの後継者らしく、メデュース号の悲劇同様、現実に起こった事件を主題にしたのです。この作品は、ドラクロワを支持したアントワーヌ＝ジャン・グロ（1771〜1835年）でさえも「絵画の虐殺である」と批判したほどセンセーションを巻き起こします。

ウジェーヌ・ドラクロワ「キオス島の虐殺」1824年

この作品を前にすると、この事件がいかにドラクロワ本人をはじめ、当時のヨーロッパ人に衝撃を与えたかがわかります。イスラム教徒によるキリス

ウジェーヌ・ドラクロワ「民衆を導く自由の女神」1830年

ト教住民に対する暴挙とそれに伴う被害者たちの絶望を、調和を重視する新古典主義では見受けられない激情や憤怒と共に描いています。

ドラクロワの代表作「民衆を導く自由の女神」でも、実際の出来事を題材としています。これは、王政復古後のブルボン朝で起きた、シャルル10世（在位：1824～30年）による言論の自由への規制、選挙権の縮小などの政策に対し、パリ市民たちが立ち上がった「七月革命」をテーマに描いたものです。

自由の寓意像は革命の象徴であり、七月革命後に国旗となる三色旗を揚げて民衆を導いています。革命の犠牲者たちを乗り越え進むその雄姿は、いつの時代も観るものを圧倒しその感情を鼓舞させます。

2つの様式で揺れる画家たち

19世紀のフランス美術界は、「公的な美」である新古典主義と、台頭してきたロマン主義の間で揺れる画家たちが多数いたのも特徴的です。

14歳でダヴィッドの門下に入ったアントワーヌ＝ジャン・グロは、ナポレオンの遠征先に同行し、英雄的にナポレオンを描きました。しかし、同時に戦争の悲惨さや負の側面にスポットを当てているところに、ロマン主義的な傾向が見て取れます。新古典主義の生みの親であるダヴィッドの弟子でありながら、ルーベンスに傾倒していたグロは、鮮烈な色使いに長けていたため、造形的にも色彩派であるロマン主義的な資質が目立つのです。

しかし、そのグロの芸術的嗜好が彼を追い詰めることになります。ロマン主義に傾倒しつつも、ダヴィッド亡命後のアトリエの後継者として新古典主義を継承しなくてはならなかった重責、そして自身の才能の枯渇に対する不安が彼を苦しめ、グロはセーヌ川に身を投げ、その64年の生涯を閉じたのでした。

また、グロと同世代の弟子にアンヌ＝ルイ・ジロデ＝トリオソン（1767～1824年）がいました。幻想的で物語性の強い作風の彼の作品にも、グロ同様にロマン主義的傾向が見て取れます。様式的（技法的）に新古典主義なのですが、官能性と物語性の高さにロマン主義的な気質が表れています。

アングルの弟子だったテオドール・シャセリオー（1819〜56年）も中道路線を取った一人でした。ロマン主義へと傾倒した彼は、それを認めないアングルとの師弟関係に終止符を打ちます。シャセリオーは、アングルの線描写とドラクロワの色彩表現の融合を試み、歴史画に新たな風を吹き込もうとしたのです。

また、ポール・ドラロッシュ（1797〜1856年）は様式的にはアカデミズム（新古典主義）を保持しながらも、主題においては格調高い古代史よりも一般向き（ブルジョワ階級向き）なイギリスやフランスの中世史を感傷的に描き、歴史趣味を好むブルジョワジーに人気を誇りました。まるで舞台を観ているような演劇性の強さは、新古典主義と個人の感覚に訴えるロマン主義の中道路線を取っていることがわかります。

市民革命や王政復古により混乱するフランス社会と同様に、フランス美術界もまた、新古典主義とロマン主義の対立に揺れたのでした。

ポール・ドラロッシュの代表作「レディー・ジェーン・グレイの処刑」(1833年)。16世紀中頃に、15歳という若さでイングランド初の女王に祭り上げられ（在位はわずか９日間)、その後、斬首刑に処されたジェーン・グレイを描いている

第4部

近代社会はどう文化を変えたのか？

産業革命と近代美術の発展

ALISM

「格差」と「現実」を描く決意

レアリスム

「現実」をそのまま描いたクールベの革新性

ナポレオンの登場以降のフランスの複雑な動向をここで一度整理しておきましょう。フランス革命により絶対王政が崩壊した後、皇帝となったナポレオンが軍事力を背景に国を治める第一帝政時代が訪れます。その後、ナポレオンが失脚し、ブルボン家が王政復古を果たしたものの1830年の七月革命によって倒され、オルレアン家のルイ＝フィリップ（在位：1830〜48年）によって立憲君主制が成立しました。

しかし、この王政も長くは続きません。1848年に起きた二月革命によってルイ＝フィリップが失脚し、ナポレオンの甥であるルイ＝ナポレオン・ボナパルト（18

08～73年）が大統領に就任。フランスは第二共和制の時代を迎えます。

その後、ボナパルトは1851年にクーデターを起こし、翌年に国民投票で皇帝に選ばれ、自らをナポレオン3世と名乗るようになります。そして1852年からは、皇帝ナポレオン3世が国を治める第二帝政時代となるのです。

第二帝政時代は、ナポレオン3世の経済膨張政策の下、銀行の設立や公共土木事業の推進、電報などの通信機関の整備、鉄道網の拡大によって産業が発展し、フランス社会のブルジョワ化と都市化がより一層進んだ時代でした。19世紀前半には人口30～40万人だったパリも、19世紀半ばには100万人を擁するようになります。そして第二帝政末期には、180万人が暮らす大都会へと発展していったのです。

パリの街自体も近代都市化へと大改造が進みました。街を取り囲

■フランス革命以降の複雑なフランス社会

西暦	出来事
1789年	フランス革命が始まる
1792年	国民公会で王政廃止が宣言される。第一共和制時代へ
1793年	ルイ16世、マリー＝アントワネットが処刑される
1804年	ナポレオンが皇帝に即位。第一帝政時代へ
1814年	ナポレオン失脚後、王政復古によりルイ18世が王位に就く
1830年	フランス七月革命勃発。ルイ＝フィリップによる立憲君主制が成立
1848年	二月革命が勃発。ルイ＝ナポレオン・ボナパルトによる第二共和制時代へ
1852年	ナポレオン３世による第二帝政時代へ

んでいた城壁が壊され、街路樹と歩道が備えられた大通りが整備されるなど、現代の美しいパリに近い姿になったのが第二帝政時代だったのです。都市生活者のための娯楽も発展し、ライフスタイルまでもが近代化されていきました。

こうした都市化は、新たなブルジョワジーの台頭を生み出しましたが、もちろんその陰には、労働者階級の存在がありました。そして彼ら労働者階級の間では、平等と公正を目指す社会主義運動が広がっていきます。

そして、美術界にも社会主義者の画家ギュスターヴ・クールベ（1819～77年）が登場します。クールベは二月革命による第二共和制を支持した共和主義者（共和制民主主義者）であり、社会主義思想にも共鳴していました。

「私は天使を描くことはできない。なぜなら、私は天使など見たことがないからだ」と語ったとされる彼は、造形的には古典主義やロマン主義とも距離を置いた写実主義（レアリスム）の推進者でもありました。

フランス古典主義は伝統的に「理想化＝良い趣味であり、見えるとおりに写してはいけない」という規範がありました。つまり、あるがままに描くのではなく、〝あるべき姿〟で描かなくてはならなかったのです。しかし、写実主義を信条としたクールべは、こうしたフランス古典主義はもちろんのこと、感受性に訴えるロマン主義にも背を向けます。そして、本来なら歴史画にのみ許された大画面に現実的な人々や日常

ギュスターヴ・クールベ「石割人夫」1849年（第二次世界大戦で焼失）

を描き、アカデミーの伝統にも背いたのでした。

　1850年のサロンに出品された「石割人夫」と「オルナンの埋葬」では、貧困層の労働者や田舎の聖職者、農民など、伝統的に絵画の主題としては「美しくない」とされ、タブーとされた庶民たちを「高貴」な歴史画のサイズで描きスキャンダルを巻き起こします。

　また、クールベは自分の友人・知人たちや、社会のさまざまな階層を表す寓意的な人物を描きこんだ「画家のアトリエ」を歴史画用のサイズ（359cm×598cm）で制作しました。これは、アカデミーが至上とする寓意画に対する侮辱であり、叛逆《はんぎゃく》と受け取られても至極当然の作品で、物議をかもしました。

つまり、クールベは「歴史」と「理想」ではなく、「現代」と「現実」を描いたのです。クールベの芸術家としての近代性は、こうした政治的・社会的・芸術的な思想を、その作品を通して主張したことにありました。

そしてこのクールベが築いた近代絵画への礎は、伝統的な「見たことのない世界を描く」歴史画的主題から、「自分が見たままの世界を描く」という〝主題の近代化〟でした。自分が見た世界を忠実に描く姿勢は、後に印象派によって引き継がれ、発展していくことになります。そして、賛否両論を巻き起こしたクールベの革新性は、「現代美術＝Pushing the boundaries（垣根を取り払う）」という方程式を確立する結果となり、現在に至るのです。

マネから読み解く19世紀フランス社会の「闇」

クールベをライバル視していたエドゥアール・マネ（1832～83年）は、クールベがこじ開けた近代美術の扉を、より一層押し開いた「近代絵画の父」と見なされています。

クールベ同様にマネは、美術界の問題児とされてしまいます。彼の輪郭がはっきりしているる大胆な筆使いや、平面的で単調な色面や激しい色彩の使い方が、あまりにも「奇妙」に映り、激しい批難にさらされたのです。それは明らかにラファエロ以降の絵画の伝統だった三次元性からの逸脱でした。ちなみに、このマネ特有の造形性には、日本美術収集家だった彼の、浮世絵からの影響も指摘されています。

エドゥアール・マネ「鉄道」1873年

この絵画の二次元性の強調は、近代絵画の定義である「何を描くのか」ではなく「どう描くのか」を探求する新しい造形的アプローチでした。こうして、マネによって近代絵画の定義が方向付けられました。これが、彼が「近代絵画の父」と呼ばれる所以なのです。

そして元来、絵画に教訓やドラマ、そして情感さえも含むことを嫌ったマネでしたが、鋭い眼差しで捉えた「現代社会」の本質を描くことに長けていました。たとえば、彼が晩年にサロンに出品した作品「鉄道」では、娘よりも本とペットの犬に興味がありげなブルジョワ階級の母親と、鉄柵の向こうで蒸気を上げている機関車を見つめる娘を描いています。

ルネサンス期以降の聖母子像の伝統で、親子像は愛情溢れる表現にするのが普通だったのが、この作品には親子の情感が漂っているようには見えません。マネは絵画の理想化を省き、現実を描いたのです。親子の間の冷めた情感は、マネが捉えた近代社会における希薄な人間関係だったのです。

こうしたマネの現代社会を主題とした作品性、そして「絵画の二次元性」の強調と絵画の単純化は、クールべがこじ開けた近代絵画の扉をより一層押し開けることになりました。

1863年、ナポレオン3世がサロンに落選した画家たちの作品を集めて開いた「落選展」にマネが出品したのが「水浴（後に改題：草上の昼食）」です。この作品は、構図自体は、ラファエロの原画を基にマルカントニオ・ライモンディ（1480頃～1534年頃）が制作した銅版画「パリスの審判」からの引用です。ちなみに、古典からの引用は決して珍しくも恥ずかしいことでもありません。古典に対する教養の深さを表すとして、評価されるべきことです。

そして、着衣の男性と女性の裸体との対比自体は、ティツィアーノの「田園の奏楽」からの引用です。原題「水浴」が表すように、主題としては、当時パリ郊外のセーヌ河畔で流行していた水遊びのレジャーを描いています。過去の巨匠たちに対する尊敬の念が強かったマネは、名作を現代風に描き換えたのでした。

しかし、この作品は落選展の会場を訪れたナポレオン3世からは貶《けな》され、観客から は激しい怒りを買ってしまいます。当時の観客にしてみれば、視線を観客のほうに向けた慎みのなさや、理想化されていない生々しい裸体はあまりにも急進的過ぎたのです。

エドゥアール・マネ「水浴（後に改題：草上の昼食）」1862～63年

彼女の横に脱ぎ捨てられている衣服は、明らかに彼女が神話の女神ではなく現実の女性であることの表れでした。男性たちの衣服も、明らかに同時代のファッションです。裸体を描くには「歴史画である」というもっともらしい「理由・言い訳」が必要だった時代に、あまりにも不自然で言い訳が立たない、つまり現実的過ぎる裸体を描いたのです。
批評家や観客は、この作品を「いか

がわしい」「不道徳」として糾弾しました。伝統的に絵画を「読む」ことが当たり前だった当時の人々は、この作品に第二帝政時代の陰の部分を読み取ったのです。すなわち、「売春」の世界です。

第二帝政時代のパリは、成長し続ける近代都市として売春婦の急激な増加が見られました。多くの観客にとって、現代的な男性の横に現実的な女性の裸体がある生々しさは、セーヌ河畔での純朴な水遊びというより、社会の陰を彩っていた娼館や娼婦の存在を想わせたのでした。

しかし、観客の「深読み」に反して、マネは自分の作品にドラマや教訓を含めない画家でした。それにもかかわらず、マネが自分の作品について多くを語らなかったこともあり、これ以降の作品に対しても観客の「誤解」や「深読み」が続くことになるのです。

このスキャンダルを巻き起こした作品「水浴」によって、マネの名は世間に浸透することになります。そして、主題と造形における革新性によって、マネは前衛的な画家たちから崇拝される存在になっていきました。

そして、マネは1865年のサロン出品作でも、自分の意に反して2年前の「水浴」以上の物議をかもしてしまいます。再び古典絵画から着想を得た自信作「オランピア」

は、ティツィアーノの「ウルビーノのヴィーナス」を着想源に、西洋絵画において脈々と続いて来たヌードの伝統を現代風に描き直したものでした。

しかし、マネはヴィーナスではなく娼婦を描いてしまったのです。さらにこの「現代のヴィーナス」は、伝統に反して理想化していないばかりか、はしたなくも観るものへ堂々と視線を見据えています。

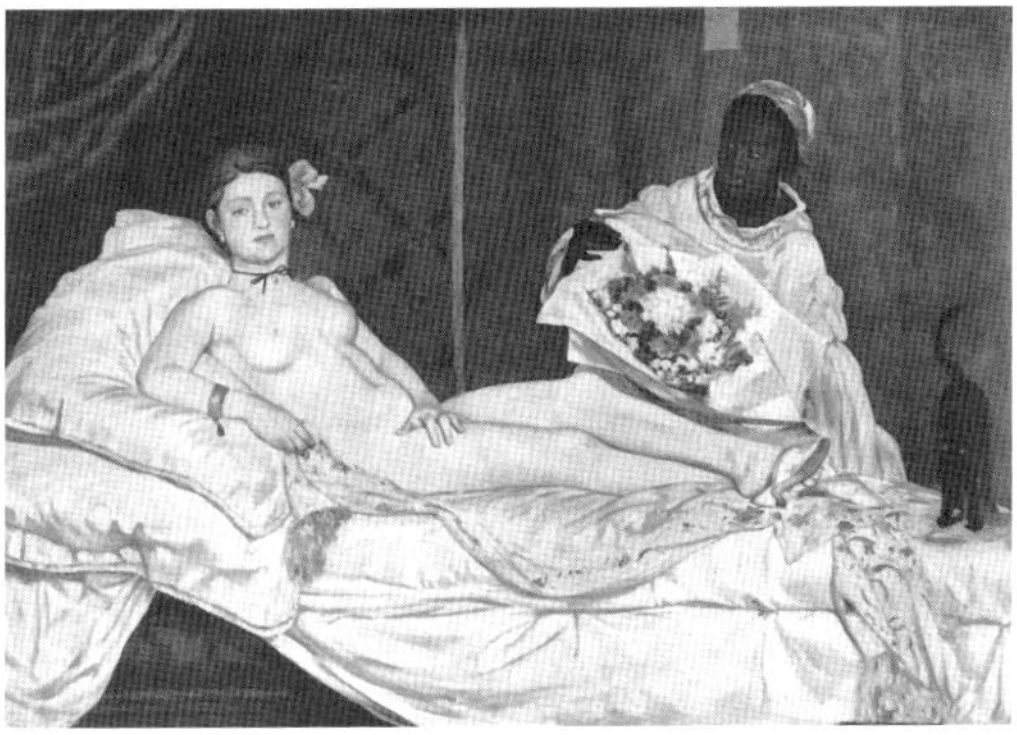
エドゥアール・マネ「オランピア」1863年

この裸体がヴィーナスではなく、当時パリに多く存在した高級娼婦であることは、当時の人々にとっても明らかでした。オランピアという名前自体が娼婦に多い通称であり、背景の黒人女性のメイド（当時のフランスでは黒人女性のメイド＝娼館のメイド）が持つ花束は、彼女の顧客からの贈り物を彷彿とさせたからです。また、象徴として、靴（ここではミュール）が脱げているのは性的に開放的で奔放であることを意味します。ちなみに、ティツィアーノのヴィーナスの足元には、従順の象徴である犬が寝そべっていますが、マネは代わりに、性器に見立てた尾を立てた猫を描きました。

このように社会の陰の部分を成していた娼婦を理想化もせずに描いたことが、伝統的な理想美であるヌードを侮辱したように思われたのです。さらに、当時出回っていたポルノ写真を想像した者もいました。絵画は「高貴」であるべきだった時代に、マネは「現実」を突きつけたのでした。

そして、やはりこの絵についても観客の深読みがありました。しかし、マネは単純に伝統的なヌードを現代風に焼き直しただけで、鑑賞者に対して何か倫理的なメッセージを込めたわけではなく、当時のパリにおける社会の一面を描いただけだったのです。

また、この作品はこれまで以上に平坦な描き方と遠近感のなさで絵画の二次元性が強調されています。その結果、マネはルネサンス以降の伝統である「三次元の世界の再現」から逸脱した造形性によっても批判を浴びてしまったのでした。

クールべのように、自分の主義主張で物議をかもすことを望んでいたわけでもなく、保守的な上層ブルジョワジー出身で世間的な成功や賞賛を求めていたマネは、自分では傑作と信じていた「オランピア」が、2年前の「水浴」を上回る世間からの批判と嘲笑を浴びせられたことに深く傷ついてしまいます。

そのため、マネは悲しみを癒すため、パリを離れてマドリードへと旅立っていきました。

失意の中、初めて訪れたスペインでディエゴ・ベラスケスの作品から影響を受け、翌年に「笛を吹く少年」を描いています。簡素に平面化された広々とした背景にベラスケスの影響が読み取れます。

また、マネは色彩のコントラストで立体感を表現しました。しかし一方で、抑えられた色調と平坦に描かれた色面、そしてクッキリと描かれた輪郭線は、浮世絵からの影響を感じさせ、より一層絵画の二次元性が強調されています。色数を切りつめているところも浮世絵的です。

エドゥアール・マネ「笛を吹く少年」1866年

さらにマネは、死の前年、主題にしてきた「現代生活」の集大成とも言える作品を完成させました。「フォリー＝ベルジュール劇場のバー」です。マネは男と会話している虚ろな表情の女の姿を描きました。その女は、まるで周りに置かれた酒や果物のように情感がこもっておらず、彼女自身も売り物のひとつであるようにたたずんでいます。

実際、ファッショナブルな社交場だったこの劇場は、売春婦がたむろした場所でもあり、彼女のようにバーで働く女も、自分の体を売ることがあったのです。都市化と資本主義経済の発展による物欲への刺激により、労働者階級出身の女性を「夜の商売」、または「陰の商売」へと促した当時の社会的現状を描いています。

このようにマネは、近代都市の風俗だけでなく、そこにおける人間の孤独や堕落、そして人間さえも簡単に商品化してしまう近代社会の闇と人生の断片を描き出しました。娯楽と享楽が渦巻く都市・パリの陰には、売春婦の数を増加させた現実があったのです。そうした近代社会の華やかさの裏にある陰の側面を、マネはパリジャンらしく粋にさらりと捉え、儚い浮世の一瞬を永遠に造形化したのでした。

エドゥアール・マネ「フォリー＝ベルジュール劇場のバー」1882年

産業革命と文化的後進国イギリスの反撃

イギリス美術

「イギリス」が美術の国として影が薄い理由

ここで一度、話をイギリスに移します。1707年、イングランドとスコットランドの同君連合が合併し、グレート・ブリテン連合王国（イギリス）が成立します。そして、農地改革と植民地政策の成功、毛織物産業から綿布産業へ移行、そしてそれに伴う三角貿易の利益などが、イギリスに繁栄をもたらします。

1694年に創立されたイングランド銀行によって財政革命も起こりました。国の財源を確保する国債制度と、産業の発展に伴う企業への資金融資などの金融制度によって財政は安定します。安定した強い財政と経済力によって、イギリスはヨーロッパ屈指の強国として台頭していきました。

そして、ジョージ3世の時代になると産業革命が起こり、より経済的にも発展することになります。18世紀はイギリスの輝かしい時代の始まりとなり、19世紀後半にロンドンが世界の金融の中心地となる基盤が築かれた時代ともなったのです。

ちなみに、この本では1707年にグレート・ブリテン連合王国が成立して以降をイギリスと称しています。連合王国成立以前は、イングランドとスコットランドをそれぞれ別の王国として扱います。

西洋美術史を振り返ってみると、イギリス美術は影が薄い印象を受けますが、その背景には主に2つの原因があります。

そのひとつが英国国教会の成立です。1534年、ヘンリー8世（在位：1509～47年）は「国王至上法」を発布し、ローマ教会（カトリック）から独立した、国家元首が教会の長を兼ねる英国国教会を成立させました。

ヘンリー8世自身はローマ教皇とは絶縁したもののカトリック信仰を生涯守りましたが、英国国教会成立の余波はイングランド国内におけるプロテスタント運動を活性化させることになります。

そのため、娘のエリザベス1世（在位：1558～1603年）が1559年に国王至上法を再発布し、英国国教会の改革を図ります。カトリックとプロテスタントの融合を図り、礼拝様式などはカトリック的でありながらも、教義的にはプロテスタントであり、そしてローマ教皇ではなく国家元首が教会の主権者であるという中道路線を取りました。そのため、英国国教会はプロテスタントに分類されるのです。

しかし、この宗教改革によってイングランドでも聖像破壊運動が激化し、新たな宗教美術の制作が禁じられたどころか、それまでのもの（とくに聖像崇拝に直結しやすい彫像）が破壊されてしまいます。これにより、イギリス美術の多くが失われてしまったのでした。

そして、もうひとつ、イギリス美術の影が薄い原因は、18世紀になるまで大陸の芸術家と肩を並べる「自国の芸術家」が存在しなかったことです。

イタリアやフランスに比べると、長年にわたりイギリスは文化的後進国でした。事実、ブリテン島に「ルネサンス」が伝わったのもイタリアから2世紀遅れ、ライバルのフランスと比べても1世紀遅れのことだったのです。ロンドンに王立美術院が創立されたのも、フランスの王立絵画彫刻アカデミー創設から１２０年遅れた１７６８年のことでした。そして、それ自体もフランスのアカデミーを手本にしています。

宮廷画家も「出稼ぎ外国人」に頼ることが多く、伝統的に文化・芸術は大陸から「輸入」するものであったイングランドが、独自の文化を形成していったのは18世紀に連合王国（イギリス）となってからのことでした。18世紀になり、ようやくイギリス人画家たちが自国の美術を牽引するようになったのです。

イギリスはそれまでの大陸文化の輸入ではなく、イギリス独自の様式美を生み出していきました。そしてその新たな様式は、庭園や絵画など、さまざまな国の芸術・文化に影響を及ぼすまでになるのです。

もちろん、それまでにイギリスで美術がまったく生まれてこなかったわけではありません。しかし、イタリアのルネサンスやバロック、そしてフランス古典主義などと肩を並べるほどのものがなかったのです。「大英帝国」という名称に相応しい文化を発展させていったのが、この18世紀からなのでした。

「肖像画」によって輝いたイギリス美術

イギリス独自に発展した文化のひとつに「肖像画」があります。1856年に肖像画専門の美術館「ナショナル・ポートレイト・ギャラリー」がロンドンで創設されるなど、イギリスは美術史において特有の肖像画文化を発展させた国でもあるのです。

肖像画文化が発展した背景には、王侯貴族の国であり、宮廷社会だったために、肖像画に対する需要が高かったことがあげられます。

たとえば、ヴァージン・クイーンであるエリザベス1世は、その神格化のために肖像画の威力を利用したことでも有名です。女王を象徴化した多数の肖像画が制作されています。エリザベス1世の肖像画にはシンボリズムを駆使したものが多く存在しますが、それも、自身の神格化のメッセージを含ませるためでした。

そしてその作品は、フランドル人画家によるものが少なくありません。シンボリズムを駆使することが伝統的に得意だったフランドル人画家たちが、信仰上の理由からプロテスタント迫害から逃れ、ロンドンに亡命していたためです。16世紀の宗教改革の嵐とそれに対するカトリックの対抗宗教改革は、さまざまな形でヨーロッパ中の美術に多大な影響を及ぼしていたのです。

エリザベス1世の例だけではなく、連合王国となる以前の肖像画の制作も、主にこうした外国から渡ってきた画家たちが担いました。18世紀になるまでイングランドの王侯貴族たちはヨーロッパ大陸の絵画を好み、肖像画

エリザベス1世を描いた肖像画（作者不明「虹の肖像」1600年頃）

もイングランドにいる外国人に描かせる傾向があったのです。

たとえば、ドイツ・アウグスブルク出身のハンス・ホルバイン（子）（1497／98〜1543年）も、身入りのよい仕事を求め「芸術的不毛地帯」だったロンドンに向かった芸術家の一人でした。彼はヘンリー8世の宮廷画家になったこともあり、渡英後には宮廷人の肖像画を数多く制作し、美術史上最も優れた肖像画家の一人として名を残すことになります。

また、ルーベンスから最も優秀な助手として高い評価を受け、本来は歴史画家だったフランドル出身の画家アンソニー・ヴァン・ダイク（1599〜1641年）も、ホルバイン同様に肖像画家として活躍しました。そして、彼が歴代イギリス君主の中で最大の美術愛好家だったチャールズ1世（在位：1625〜49年）の主席宮廷画家として、その庇護の下で制作した肖像画の数々は、イギリス美術特有の肖像画様式の確立に多大な影響を与えることになります。

イギリス美術界最初の巨匠であり、イギリス特有の絵画の創始者と見なされるのがウィリアム・ホガース（1697〜1764年）です。肖像画への需要が高かったイギリスらしく、ホガースは人気肖像画家でもあり、オランダの集団肖像画より小ぶりな「カンヴァセーション・ピース」と呼ばれる集団肖像画も手掛けています。これは日常生活の一部を切り取った風俗画的な要素の強い集団肖像画で、まるで現代のセレブ雑誌に掲載されている「別荘でのパーティーの光景と自慢のお宝拝見！」のような、注文主の自慢の邸宅内や庭園を舞台に描いた肖像画です。経済が発展した18世紀のイギリスらしく、上層市民階級に好まれたジャンルになります。

また、ホガースは版画家として名声を博し、経済的にも大成功をおさめたことでも有名です。自分の風刺画を版画化することによって収入を得たため、顧客や庇護者の顔色をうかがうことなくイギリス特有の毒の効いた風刺を織り込むことができました。経済的に成功した背景には、著作権の保護を自ら訴え「ホガース法」と呼ばれる著作権法を成立させ、版画化する際も予約制にして生産コストの無駄を省き、販売したことなどがあげられます。

ホガースの版画の魅力は教訓的・道徳的メッセージを、風刺の精神と共にまるでドラマかマンガのように連作で表している点です。ある主人公の生涯を連作で

ホガースが描いた「カンヴァセーション・ピース」と呼ばれる集団肖像画（ウィリアム・ホガース「ストロード家の人々」1738年頃）

見せていく物語性の高さは、近代小説を生み出したイギリスらしく、やがてその趣味嗜好は物語性の強い肖像画文化を生み出していくことにもなったのです。

イギリス独自の様式を確立させようとしたホガースに対して、古典主義的美術を規範としたのが、ジョシュア・レノルズ（１７２３〜９２年）です。ルネサンス美術を頂点にした古典主義的美術を規範とした彼は、当然、歴史画を頂点とする主題のヒエラルキーを普遍的なものとして捉えていました。しかし、レノルズのこうした絶対的価値に反して、イギリスでは歴史画に対する需要が低く、レノルズのような最高ランクの画家にさえ、肖像画の注文しか来ない現実がありました。

描かれるモデルを神話画の主人公のように描いたレノルズの肖像画（ジョシュア・レノルズ「三美神に供物を捧げるレディー・サラ・バンバリー」1763〜65年）

レノルズがこのジレンマを解決するために確立したのが、肖像画における「グランド・マナー」です。肖像画でありながら、描かれるモデルを神話画の主人公のように演出したり、さまざまなシンボリズムを駆使して擬人像として表現することもありました。古典絵画や彫刻の構図・ポーズを引用することも、格調を高めるグランド・マナーの演出のひとつとして取り入れられました。

レノルズと共にイギリスの肖像画文化を牽引したのが、同じく王立美術院の会員だったトマス・ゲインズバラ（1727〜88年）です。レノルズのようにイタリア経験のなかったゲインズバラは、古典絵画を重視したレノルズの重厚感のある作風に対して優雅で軽快な作風が特徴で、ロココが浸透しなかった18世紀イギリスでは珍しく「ロココ的」と見なされる画家です。最新のファッションで身を包んだモデルを気品高く、そして叙情性強く描いたゲインズバラは、レノルズと並ぶ二大巨頭として人気を二分しました。

最新のファッションで身を包んだモデルを気品高く描いたゲインズバラの肖像画（トマス・ゲインズバラ「グレアム夫人」1775〜77年）

作風の印象は違いますが、二人ともヴァン・ダイクが確立した肖像画様式を継承し、伝統的な畏《かしこ》まった肖像画ではなく、モデルを一見リラックスしているようにポーズを取らせながら、その瞬間を切り取ったような構図で格調高く描いています。伝統的にイギリスの上流階級は「これ見よがし」よりも、控えめなエレガンスを好む傾向があり、そのスタイルはアメリカの白人エリート階層であるＷＡＳＰ（White Anglo-Saxon Protestant）文化にも継承されていきました。

英国式庭園の霊感源となったクロード・ロラン

長年にわたり文化的後進国であり新興国でもあったイギリスでは、伝統的に美術や文化は大陸からやってくるものだったため、洗練された文化を持つフランスや、歴史遺産や美術の本場であるイタリアで修学してくる必要がありました。そこで17世紀後半からイギリス貴族の子弟の間で盛んになったのが「グランド・ツアー」と呼ばれる大修学旅行でした。お供に家庭教師を引き連れた、数年にわたる大変贅沢な修学旅行です。

伝統的に肖像画以外の絵画は大陸から購入するものという考えがあったため、グランド・ツアーの際、イギリス人は大量の美術品を購入してきました。もちろん、芸術の本場イタリアで地元の画家に自分の姿を描いてもらうこともありましたし、イギリス人に大変人気を博したカナレットのことはヴェネツィア派の章でも触れました。なかでもとくに人気が高かったのが、ローマで活躍し風景画の古典となったロレーヌ出身のクロード・ロラン（1600頃〜82年）でした。19世紀初めには、その作品の半数以上はイギリスにあると言われたほどの人気を誇ったのです。

クロードの作品は、格の低いジャンルと見なされた風景画の枠を飛び越え、歴史画の主題を融合させて格調高く演出した「理想的風景画」と呼ばれるものです。クロードが描いた風景は、普通の景色ではなく、古典文学の世界で神々と人間が混在していた黄金時代の理想郷アルカディアでした。アルカディアとして演出するため、風景の中には文明の足跡と見なされる古代建築や廃墟が描かれています。

クロードの描いた「理想的風景画」。左側には古代建築が見られる（クロード・ロラン「シルヴィアの鹿を射るアスカニウスのいる風景」1682年）

生前から贋作が多く作られるなど、クロードの人気は大変高く、ローマ教皇や枢機卿たち、そしてスペインのフェリペ4世をはじめヨーロッパ中の上流階級を魅了しました。また、フランスだけでなくヨーロッパの風景画における古典・規範となったのがクロードだったのです。

さらに、イギリスでのクロードの影響は風景画に収まらず、イギリス独自の庭園様式の発展にも貢献しました。

伝統的にイギリス貴族の生活の中心は、彼らの領地の本宅であるカントリー・ハウスでした。当然、その広大な敷地には大庭園があり、その庭園様式はイタリア式やフランス式の整形庭園でした。

イングリッシュ・ガーデンとして、その優雅さを今も残すストウヘッド庭園
©Lechona

ところが18世紀に入り、イギリスの国家としての力が大きくなることにより、文化・芸術も大陸からの模倣ではなく、イギリス独自のものを生み出そうという気運が高まっていきます。それに伴い誕生したのが、イギリス独自の庭園様式である英国式庭園（イングリッシュ・ガーデン）です。

イギリス人は、このイングリッシュ・ガーデンを「風景式庭園」もしくは「ピクチャレスク庭園」と呼びますが、「ピクチャレスク」とは「絵のような」という意味で、その「絵」

とは主にクロード・ロランの作品を指していました。つまり、クロードが描いた理想郷をカントリー・ハウスの庭園で再現したものがイングリッシュ・ガーデンだったのです。クロードの描いた風景がはるか彼方まで続いているように、カントリー・ハウスの風景式庭園も敷地を区切る塀などの境が見えないように造園されています。

この「英国式庭園」は、ヴェルサイユのプチ・トリアノン庭園や、はるかロシアのエカテリーナ2世（在位：1762〜96年）の夏の離宮に取り入れられるなど、ヨーロッパ中に広がったのでした。

産業革命でさらに発展するイギリスの国力と文化

19世紀のイギリスは、産業革命の発展に伴う工業化と都市化により絶頂期を迎えます。いわゆる、ヴィクトリア朝の時代です。19世紀のロンドンはヨーロッパ最大の都市として、競売会社サザビーズ（1744年設立）やクリスティーズ（1766年設立）に象徴される国際的な美術市場の中心地になっていきました。

また、産業革命によって成長した経済は、高度成長期の日本同様に、イギリスにおいて中産階級を中心とした文化を発展させました。

工業化・都市化・市民社会化の3つの要素が重なった19世紀のイギリスで発展した

のは「風景画」でした。国力の強化は愛国心の高まりと正比例し、それまで美しいと見なされなかったイギリスの田園風景も、都市の人口増加によって郷愁を誘う理想郷となり、「ピクチャレスク」であると見なされるようになっていったのです。

そして、その美意識は個人の感受性に訴えるロマン主義が基盤になりました。このイギリス・ロマン主義を代表する画家がジョン・コンスタブル（1776～1837年）です。故郷イースト・アングリア地方を中心に、それまでは美しいと見なされもしなかった田園風景を、光と大気の効果を駆使し叙情性高く表現しました。彼の作品は当時とても革新的であり、1824年のパリのサロンに出品された際は高い評価を受け、クロード・ロランの伝統を継承した「理想的風景画」に縛られていたフランス人画家たちに衝撃を与えました。

そのコンスタブルの好敵手であったのが、イギリス絵画を代表する画家ジョゼフ・マロード・ウィリアム・ターナー（1775～1851年）です。ターナーの作風は尊敬するクロードの影響を受けた理想的風景画もある一方で、イギリスらしくより物語性の強いものや、畏怖すべきものに美を見出すイギリス発祥の美の概念「崇高（sublime）」が強調されたものなど、同じ風景画でありながら多様性に満ちています。王立美術院での評価はコンスタブルよりターナーのほうが高く、それはターナーが歴史や文学を主題にすることが多いうえ、ただ自然を描くのではなく、そこにある人間のドラマも表現しているためです。

いくら文学や美術の分野で感受性に訴えるロマン主義が台頭したといえど、「感性に訴える絵画」ではなく「読む絵画」が主流だった時代において、王立美術院がターナーの主題性の高さを評価したのは当然のことでした。

さらに1848年には、盛期ルネサンスの巨匠ラファエロを規範とする保守的な美術界に反旗を翻し、それ以前の15世紀初期ルネサンスの「プリミティヴ（原始的）」な画家たちの作品から影響を受けた芸術家の協会「ラファエル前派兄弟団」がイギリスで生まれました。

それは美術アカデミーが是とする古典主義から離れ、産業革命が進み、中産階級が台頭していった19世紀という新時代に相応しい美を目指した前衛的な芸術運動でした。彼らは歴史主義が支配する古典主義的な芸術ではなく、また通俗的で感傷性の強い中産階級的な作風も否定し、ただ純粋に視覚的な喜びをもたらす審美性を追求していったのです。

そして、この芸術運動は産業革命における安価な大量生産品から背をむけ、生活と芸術を融合した手仕事を推奨したウィリアム・モリス（1834〜96年）によるアーツ・アンド・クラフト運動の出発点にもなりました。

前衛的な芸術運動であったラファエル前派の作品（ジョン・エヴァレット・ミレー「オフィーリア」1851～52年）

その結果、盛期ルネサンス以降、ヨーロッパでは芸術家が創造する芸術品と比べ、格下に見られていた職人が作る工芸品の地位が向上していきます。世紀末にはこの装飾芸術運動が、イギリスからヨーロッパ中に広がっていき、日本でもその影響を受けた「民芸運動」が波及していったのでした。

産業革命の時代に「田舎」の風景が流行った理由

バルビゾン派

近代化によって生まれた「田園風景」需要

18世紀後半のイギリスから始まった産業革命は、美術史にも大きな影響を与えました。蒸気機関、石炭による生産技術の革命は、工場制機械工業を生み出し、資本主義経済を発展させます。そして19世紀には、資本主義経済の発展に伴い、都市のブルジョワジーが台頭。こうした時代背景から、新たな美術が生まれてきたのです。

近代市民社会が発達していく中、新たな絵画の購買層を成していったブルジョワジーは、古典的な高貴さよりも「現実性」を、アカデミー的な理想美よりも「個性」を、そして理性よりも「感性」を重視する傾向がありました。それらは、ロマン主義の発展にもつながりました。

さらに、彼らは王侯貴族のように広大な宮殿や邸宅を所有するわけではなく、古典的な教養や伝統に培われた審美眼、美術的教養を持ち合わせていません。そのため、大画面で描かれた歴史画よりも、小さめで親しみやすいジャンルである風俗画や風景画、そして静物画を好みました。

これらのジャンルは、17世紀にいち早く近代的な市民社会を樹立したオランダで流行したジャンルと同様です。オランダより2世紀遅れで市民社会化されていったフランスでも、人々は芸術に高貴さや偉大さよりも「わかりやすさ（すなわち、親しみやすさ）」を求めるようになったのです。

そして、17世紀のオランダ人が自分の周りの身近な景色を風景画に求めたように、19世紀のフランスのブルジョワジーもまた、馴染みのある現実的な風景画を求めるようになります。パリなどの都市部の人口増加の背景には、農村部からの人口流入がありましたが、経済的ゆとりが生まれた彼ら「都会人」にとって、現実的な田園風景こそが自分たちの原風景であり、そこに郷愁や安らぎを覚えたのです。産業革命以降、洋の東西を問わず田園風景を愛でないのは、現実に農村で生活し、農作業の過酷さを知っている農民だけになっていったのでした。

このような都市化の時代に登場したのがバルビゾン派です。１８３０年代以降、パリの南東約60キロに位置するフォンテーヌブローの森近くのバルビゾン村やその近くのシャイイ村を訪れ、現実的で平凡な風景を写実的に、もしくは主観的に描いた画家たちのことを指します。

バルビゾン派を代表する画家の一人がテオドール・ルソー（１８１２〜６７年）です。彼はフランスにおける純粋な「風景画」の創始者でした。１８４９年にバルビゾン村に移り住んだ彼は、伝統的なアトリエでの制作ではなく、屋外で写生に基づいた風景画を制作した新しいタイプの画家だったのです。

カミーユ・コロー「モルトフォンテーヌの想い出」1864年

また、カミーユ・コロー（１７９６〜１８７５年）は、サロン向けには古典主義に則った歴史画的風景画を描いていましたが、世間的に認知された19世紀半ば頃からは、靄《もや》に包まれたような、叙情的で詩情溢れる風景画で人気を博するようになります。

「落穂拾い」で有名な、ノルマンディーの農家に生まれたジャン＝フランソワ・ミレー（１８１４

〜75年）も、バルビゾン村に移住した作家の一人です。彼は純粋な風景画よりも、大地と共に力強く生きる農民の姿を描きました。

その生い立ちから、過酷な労働に耐えて暮らす農民の姿をじかに知っているミレーは、都市のブルジョワジーが望むような牧歌的で理想化された農民の姿ではなく、貧しくも敬虔《けいけん》な農民の姿を写実的でありながら崇高に描きあげました。

しかし、こうした農民の姿を描いたミレーの作品を嫌悪する人もいました。19世紀中頃のフランスは、パリと地方、都会と田舎、そしてブルジョワジーと労働者・農民階級との格差に対する認識が高まっていた時代でした。したがって、当時のフランスには貧しい農民など本来なら高貴であるべき絵画の主題にするべきではないという考え方があり、畑を描くなど絵画の威厳を侵害する下品なことと考える価値観が浸透していたのです。

また、ミレー自身は政治的なメッセージは込めていなかったにもかかわらず、絵画を「読む」伝統の強い保守的なフランス人の中には、社会主義

ジャン=フランソワ・ミレー「落穂拾い」1857年

思想や革新的な共和主義が主張されていると誤解し嫌悪する人もいたのです。

こうした事情もあり、長年にわたりミレーは、本国フランスに比べアメリカや日本でより高い評価を得ている現実があります。キリスト教精神に則った「祈りと労働」が描かれ、貧しい農民を「英雄化」したミレーの作品は、フランスよりもプロテスタンティズムが強いアメリカ、それもピューリタニズム（清教徒主義）が強いボストンを中心にしたニューイングランド地方で高く評価されたからです。

とくに、貧しいながらも勤勉で道徳性の高い農民の姿を描いた「晩鐘」は、敬虔なアメリカ人の琴線に触れ大評判となり、何枚もの複製が作られアメリカの家庭を飾りました。日本でも清貧《せいひん》を是とする国民性があり、その国民の大部分のルーツが農村にあるため、ミレーの人気が高いことも頷けます。

ちなみに、「晩鐘」では貧しい夫婦が収穫物のジャガイモを前に祈りをささげてい

ジャン＝フランソワ・ミレー「晩鐘」1857〜59年

ますが、当時のフランスでは現代と違い食物としてのジャガイモの地位が大変低く、その点からも「絵画は高貴でなくてはならない」という呪縛が強いフランス人には抵抗感があったことは想像に難くないでしょう。

一方、異文化で美術の伝統も異なる新興国アメリカでは、そうした偏見はなく、むしろ肯定的に受け入れられたのです。新しいものに対して保守的になりがちなフランスの富裕層に対し、後に印象派に対してもそうだったようにアメリカの富裕層のほうが新しいものに対してより寛容なのです。ミレーの名声が本国フランスでも高まったのは、アメリカより遅く晩年になってからのことでした。

彼らバルビゾン派は、後に登場する印象派にも大きな影響を与えます。フランス美術界における新しいタイプの画家であった彼らを、キャリア創成期の印象派たちがお手本にしたのです。そのため、独自のスタイルを確立する前の印象派の作品は、色調も筆触もバルビゾン派を彷彿させるものが多く、バルビゾン派の革新と活動が印象派の誕生を導いたとも言えるのです。

サロンを牛耳る「アカデミズム」

こうした社会のブルジョワ化によって、19世紀のフランス美術界には、ロマン主義やバルビゾン派などの新たな様式が台頭し、受け入れられていきます。

しかし一方で、新古典主義を公式の様式とする美術アカデミーの権威は失墜することなく、それどころか歴然とした権力を発揮し続けることになります。フランスは古典主義の伝統が強いうえ、フランスの富裕層の多くも保守的な傾向が強かったからです。台頭したブルジョワジーの多くも、自分の審美眼に自信がなく、美術品に対しても美術アカデミーという「ブランド」を求めました。洗練された趣味や審美眼は、一朝にして成るものではないことを当時のブルジョワジーもよくわかっていたのです。

こうして、ブルジョワジーが新たな美術品購買層になることにより、結果としてアカデミーの権威も増すことになったのです。

そしてこの美術アカデミーの支配下にあった「サロン」の存在が、この時代の美術史に大きな影響を与えています。17世紀、ルイ14世時代のフランスにおいて、王立絵画彫刻アカデミーの設置を契機として開催されることとなった官展を「サロン」といいます。

旧体制時代の王侯貴族が芸術家のキャリアと生活を支援することができたのと違い、市民社会においては、よほどの大資産家でもない限りブルジョワジーにそのような支援は不可能です。そのため、17世紀のオランダ人画家同様に、フランスの芸術家たちも不特定多数の客をつかむ必要が出てきました。

しかし、この時代の若い画家たちが置かれていた状況は、現代とは大きく違います。莫大な費用がかかる個展が一般的でない時代だったため、サロンがほぼ唯一の展覧会であり、サロンに入選することが芸術家として生きていくためには不可欠だったのです。昔の演歌歌手にとっての「紅白歌合戦」のようなものです。サロンで入選を重ね名前を売ることによって、公的や私的な制作注文を増やすことができたのです。当時のサロンは入場者数が数十万人におよび、新聞や雑誌がサロンについてくまなく記事を掲載する大イベントでした。

しかし、美術アカデミーの支配下にあったサロンは、基本的に新古典主義が美の規範であり、革命後の1791年からアカデミー会員および準会員以外にもサロンが解放され、公募制になった後も、結局はその審査員のほとんどをアカデミー会員が占めていました。そのため、審査基準においても新古典主義（＝アカデミズム）が絶対的であり、サロンにおいてもその保守性は変わりがありませんでした。

こうした保守性が、美術の近代化のあしかせとなります。そして、その影響を大きく受けたのが、美の反逆児となる「印象派」だったのです。

なぜ、印象派は受け入れられなかったのか？

印象派

「何を描くか」ではなく「どう描くか」の時代へ

近代絵画の幕を開いたクールベが活動した第二帝政時代は、印象派が制作活動を始めた時期でもありました。

現代ではまるでフランス絵画を代表する画家たちのように扱われる印象派ですが、19世紀後半のフランスではまったくの異端的存在であり、美術界の主流どころか前衛的過ぎる革新的な存在でした。いわば、「美の反逆児」と見なされていたのです。

たとえば、彼らは描く対象が持つ固有色ではなく、光や大気などによって影響された変化しやすい色彩を描こうとしました。対象に対して忠実ではなく、自分の視覚に対して忠実であろうとしたのです。つまり、見た物そのものではなく、自分が受けた印象に対して忠実であろうとしたのでした。永遠に変化し続ける自然に対し、自分の視覚が捉えた瞬時性を記録し、主観的・感覚的にカンヴァスの上に表しました。

印象派の画家たちは、光り輝く自然の瞬時性を表現するために、絵の具を混ぜず、色彩分割（筆触分割）法を使いました。色彩分割法とは、「細かい筆触で並べた2色は距離を置いて見ると混合して見える」という人間の持つ視覚混合、または網膜混合といわれる現象を利用した技法です。つまり、混ぜるべき絵の具を混ぜずに、バラバラにカンヴァスの上に並べたのです。

この色彩分割法を使うことにより、自然の明るさを失うことなく、自分自身が観察した自然の中の微妙で繊細な光と色彩の移ろいを映し出すことができました。結果、印象派の作品は、当時としては異様なほど眩しいまでに明るく、筆触が目立つものになったのでした。

こうした印象派による色彩分割により、マネによって方向づけられた「何を描くか」ではなく、「どのように描くか」という近代絵画の定義は強まり、さらに近代絵画の時代へと突入していきます。

ちなみにマネや印象派たちが描いた世界は、近代化されていったパリおよびその周辺のブルジョワ的世界です。忘れてはならないのは、マネも印象派もそのほとんどが

マネを中心に集まった印象派の画家たち

印象派の一人、モネの描いた「ラ・グルヌイエール」(1869年)。印象派の代名詞とも言える「色彩分割法」が表れている

ブルジョワ階級出身だということです。ブルジョワ的と言ってもフランスの伝統的なブルジョワジーのことであり、戦後の日本における大衆化した成金的ブルジョワジーのことではありません。今や日本では絶滅寸前と言ってもよい、一部のエスタブリッシュメントに残っている古きよき時代の控えめなエレガントさを湛《たた》えたブルジョワジーです。

1648年の創立以来、「貴族的」であろうとした美術アカデミーに対し、「ブルジョワ的」であることが印象派の大きな特徴でした。その点でも印象派はとても「現代的」だったのです。

彼ら印象派に多大な影響を与えた存在がマネでした。マネの作品に見られる造形性と主題の近代性が彼らの作風に影響を与えただけでなく、資産家の家に生まれた彼は経済的にも印象派の画家たちを支援しました。

そして、マネを中心にして、印象派の画家たちの人間関係は広まっていくことになります。2歳年下の印象派エドガー・ドガ（1834～1917年）とは、共に生粋のパリジャンで出身階級も近かったこともあり、二人の友情はマネが世を去るまで続きました。歴史画家を目指していたドガに対し、自分と同じように現代生活を描くように助言したのもマネでした。

1860年代には日本美術ブームが起こりましたが、マネの影響を受けてドガも浮世絵を収集しています。伝統的に西洋美術ではタブー視されていた浮世絵の表現法は、ドガをはじめ前衛的な画家たちにとって斬新に映ったのです。

ちなみに、ドガは印象派の中でも最も造形的に浮世絵の影響を受けた画家でした。左右非対称の構図や極端なクローズアップ、幾何学的ではない遠近法、そしてモチーフを画面の端で切り取る手法などにその影響が表れています。また、都市の風俗を積極的に取り上げた点も浮世絵的なうえ、スナップ写真のような構図も当時は浮世絵的と見なされていました。

浮世絵を収集していたといえば、クロード・モネ（1840～1926年）も有名です。1890年代に発表した「積み藁《わら》」から始まり「ポプラ並木」、「ルーアン大聖堂」へと続く連作は、葛飾北斎のさまざまな場所から四季折々の富士山を望んだ「富嶽三十六景」からの影響と見なされることがあります。モネが浮世絵から受けた影響は、作品によっては左右非対称や縦長の構図、または描く対象の全体を描かず、一部を省略して描いたところなどに表れています。

実は、当初マネは、モネのことを世間に知られている自分の名前と似せて利用しようとしていると誤解し、憤慨していました。しかし、実際にモネと知り合うと、8歳年下の後輩をさまざまな面で応援するようになります。もちろん、モネは知り合う以前からマネのことを敬愛していました。

やがてモネは、仲間のピエール＝オーギュスト・ルノワールやアルフレッド・シスレー（1839～99年）、そして普仏戦争で戦死したフレデリック・バジール（1841～70年）と共に、モンマルトル地区のバティニョール大通り11番地（現在のクリシー通り9番地）にあったカフェ・ゲルボワに顔を出すようになります。マネが常連だったこのカフェで、進歩的な芸術家や文学者がマネの周りに集まって日夜熱い議論を交わしていたのです。

そしてマネは、1868年には印象派の女性画家ベルト・モリゾ（1841～95年）とも知り合います。マネ同様に高級官僚を父に持ち、上層ブルジョワ階級の家庭

マネとも交流が深かった有名な印象派の一人、ルノワールの代表作「ムーラン・ド・ラ・ギャレット」（1876年）

で育った美しいモリゾは、マネの作品のモデルを務めるようにもなります。さらに、マネ家とモリゾ家との間でも社交的な交流が始まり、モリゾの夫となったのもマネの弟でした。

こうしてマネを介して、印象派のメンバーたちの人間関係が構成されていきました。ちなみに、マネは印象派の一人として語られることも多いのですが、実は彼は、後ほど述べる印象派展には参加していません。それどころか、彼は印象派展への出品を断固として拒否し続けていたのです。マネと印象派たちとの密接な人間関係は、彼が印象派の一員だったようなイメージを与えていますが、マネは当時の印象派にとっての「指導者」的存在に過ぎなかったのです。

印象派の船出「グループ展」の開催

こうしてマネを中心に集まった印象派の画家たちですが、その前衛的な表現は当時のフランス美術界からは受け入れられませんでした。

もちろん、当時の主流はアカデミズムの画家たちです。アカデミズムの画家たちの作品と比べれば一目瞭然なのですが、印象派の作品は当時の人々にしてみれば筆使いの荒々しい未完成作にしか見えませんでした。たとえば、印象派の技法として知られる色彩分割法ですが、アカデミーの基準では筆触の跡が残っていること自体、作品が完成されていないと見なされたのです。

しかし、１８７３年に起きたイギリスに端を発する大不況が、結果的に彼らの存在を世に広めることになりました。大不況の波は当然のことながら印象派の画家たちの経済状況にも影響し、それが結果として彼らの運命、そして美術史をも大きく変化させることになったのです。

危機的な経済情況に瀕した彼らは、自分たちに厳しい態度を示す保守的なサロンの代わりに、以前から温めてきた、自分たちの作品を展示して売るための「グループ展」の開催に向かって動き出しました。

第1回のグループ展には、「ポスト印象派」の巨匠ポール・セザンヌ（1839～1906年）もいました。さらに、モネを画家の道へ導いてくれた恩人ウジェーヌ・ブーダン（1824～98年）も、サロンに出品を続けていたにもかかわらずモネの願いに快く応じ、参加することになります。

しかしマネは、参加を断固拒否し、サロンに応募し続けました。前年のサロンにおいて「ル・ボン・ボック」でメダルも獲得していたマネは、徐々に世間に受け入れられ始めていたため、あえて反体制的なことをするつもりはさらさらなかったのです。彼にとって、名誉あるサロンこそが社会的栄誉への道であることに変わりはありませんでした。一方、ベルト・モリゾは尊敬するマネの反対には耳を貸さず、意志の強かった彼女はこのグループ展への参加を決めました。

こうして1874年1月17日、集まった30人のメンバーで構成された組織「画家、彫刻家、版画家などの美術家による合資会社」の規約が正式に発表され、第1回目の印象派グループ展が同年4月15日から5月15日までの1か月間、パリのカピュシーヌ大通りで開かれました。この年のサロンは5月1日から約1か月半開かれていたことから、サロンの開催日を強く意識した開催であったことは明らかでした。

意気揚々と開いたグループ展でしたが、世間の反応は酷いものでした。彼らに噛み付いたのが、風刺新聞「ル・シャリヴァリ」紙の辛口美術批評家であり、風景画家でもあったルイ・ルロワ（1812〜85年）です。ルロワは「印象派画家たちの展覧会」というタイトルの記事でモネの出品作「印象・日の出」を悪し様に皮肉り、展覧会についても「印象」という言葉を多用して批判的に書いたのです。

クロード・モネ「印象・日の出」1872年

当時、「印象」という言葉はスケッチや下書きを意味し、マイナスのイメージを含んだ言葉でした。アカデミーの信奉する滑らかな仕上がり、そしてバランスの取れた構図やデッサンに基づいた写実性など、フランス絵画として必要な要素がことごとくお座なりにされていると思われたのです。

しかし、結局このルロワの記事によって、「印象派」という言葉が世間に広がる結果となります。そして、画家たち自身もこの名称を用いるようになったのでした。

その後、彼らのグループ展は12年間で計8回開かれました。そして、回を重ねていくごとに、徐々に世間での認知が広がっていき、少しずつ印象派の作品を購入する人たちも増えていったのです。ブルジョワ社会となったフランスらしく、絵画を投機対象と見なし、新進気鋭の印象派に目をつけた人もいたのです。

一方で、1880年代になると、印象派のグループ内での対立も目立つようになっていき、メンバーの意思統一が取れなくなっていきます。結果、毎回出品するメンバーが変わることになり、1886年の最後のグループ展においては、後に美術史で「新印象派」と呼ばれる新しい時代の画家たちの参加もありました。当初のグループ展とは、メンバーだけでなく内容的にも変わってしまっていたのです。

こうして印象派としてのグループ展の存在意義が薄れていった結果、1886年を最後にグループ展はその役割を終えました。

奇しくも1886年は、後に「ポスト印象派（後期印象派）」を代表する画家となるフィンセント・ファン・ゴッホがパリに出てきた年であり、彼自身は印象派の影響を受けながらも自分の感情を造形的に表現することにより、印象主義を新たな方向へ導きました。

そして、印象派の画家たちと交流もあり、自らもグループ展に出品したこともあったポール・セザンヌとポール・ゴーギャン（1848～1903年）も、ポスト印象派の名に相応しく印象主義を超越し、独自の造形性を発展させていったのです。

アメリカ人が人気に火をつけた印象派

その後、印象派の絵画の普及に努めた画商ポール・デュラン＝リュエル（1831～1922年）が、ニューヨークで最初の印象派展を開き、好評を博します。これを機に、1890年代にはアメリカで印象派の人気に火がつくことになりました。

ヨーロッパ人のように古典主義に対する先入観が薄いアメリカ人は、文化的コンプレックスを抱いていたフランスからもたらされる新しい美術を歓迎しました。元来アメリカ人は、新しいものを受け入れる度量がフランスの富裕層よりあるのです。アメリカの富裕層はフランスの場合と違い、そのほとんどがプロテスタントかユダヤ人であったことも、装飾性が強く、聖書など古典絵画的な主題性が強くない印象派を受け入れやすかったと言えるでしょう。

1890年代になると、アメリカ人の間でモネの人気が高まっていきます。「印象派＝モネ」の構図の始まりです。アメリカ人がモネに夢中になることは、すなわち経済的な成功をモネにもたらす結果となりました。いつの時代もアメリカでの成功は、母国だけでの成功とは桁違いなスケールへと発展するのです。アメリカ人によって、モネの作品の値段は跳ね上がっていき、モネはアメリカで、印象派の中でも一番の人気を誇るようになりました。

そして、20世紀に入るとモネの名声はアメリカをはじめ世界各国に広がっていきます。その結果、母国フランスでも「大家」扱いを受けるようになったのです。作品はモネ自身も驚くほどの高額で取引され、印象派のリーダー的存在であり、前衛的な美の革命児と見なされたモネも、確固たるフランス絵画の「古典」となっていったのでした。

モネに次いで人気があったのがドガでした。とくにアメリカでは、ドガが描いた「バレエ」を主題にした作品に人気が集まりました。当時、文化コンプレックスの強かった多くのアメリカ人が、自宅にバレエを主題にした絵画を掛けることで、自分たちが文化的であることを誇示しやすかったからです。

かつて第二帝政時代のフランスでも、新興ブルジョワジーが自宅にクールベの狩猟画を掛け、あたかも王侯貴族の趣味であった狩猟を長年の自分たちの趣味であるように見せましたが、それと同じ意図です。

しかし、アメリカ人の思い込みと違い、ドガの描いた当時のバレエの世界は上品な世界からはかけ離れたものでした。とくに第三共和制以降のフランスのバレエの質の低下は著しく、にわか成金男性がバレリーナを愛人にすべく「品定め」に来るような催しに成り果てていたのです。踊りの上手さは二の次で、美しさのほうが重視されていました。男たちもバレリーナを見るために来ていたのであり、バレエ自体は二の次だったのです。もちろん、バレリーナになったのは貧しい少女たちで、男たちに舞台で見初められて愛人として囲われたのでした。アメリカ人の思い込みに反し、ドガの描いた当時のバレエ界は娼婦の世界とたいして変わりがなかったのです。

こうした印象派の例に限らず、19世紀後半からのアメリカおよびアメリカ人の存在感は、美術市場において圧倒的なものになっていきます。アメリカン・マネー抜きにして、近代絵画（モダン・アート）の発展はありえませんでした。

本格的に近代絵画の時代を迎えることによって、美術市場および新たな芸術運動はアメリカを中心に動いていくことになるのです。

エドガー・ドガ「踊りの花形」1876～77年

現代アート

マネーで開かれた「現代アート」の世界

アメリカン・マネーに支えられたヨーロッパの芸術・文化

19世紀末に経済的に発展を遂げ、20世紀には世界一の経済大国となったのがアメリカです。19世紀後半以降のヨーロッパの文化は、芸術、ファッション、そしてワインでさえも、このアメリカ人が有する莫大な富により支えられることになります。それゆえ、近代・現代美術の発展も、アメリカを抜きに語ることはできません。

アメリカ人がヨーロッパの美術市場に影響を与え、そして牽引していくようになるのは、印象派が世間を騒がし始める19世紀後半になってからのことでした。

アメリカン・

南北戦争（1861〜65年）終結後のアメリカは繁栄期を迎え、アスター、ヴァンダービルト、モルガン、ロックフェラーなどの大財閥が台頭。経済的にはヨーロッパの一歩先を歩むようになっていきます。そして、国内がまとまり落ち着いた19世紀後半以降、アメリカ人はその莫大な富の力で美術品のみならずアンティークの家具や美術工芸品を買い漁りました。

その背景にあったのは、純粋な芸術・文化に対する憧憬です。ヨーロッパ、とくにフランスの文化へのコンプレックスがあった多くのアメリカ人は、フランスの文化レベルの高さや優雅さに圧倒され、憧れたのでした。

そして絵画においては、前述したように印象派に魅せられたアメリカ人たちでしたが、印象派でさえもフランス、そしてヨーロッパ絵画の伝統を継承していると勘違いし、そのルーツと見なしてルネサンスやバロック、そして18世紀のヨーロッパ絵画、さらには19世紀の印象派以外のフランス絵画までをも収集していきます。

こうして収集された絵画と、財を未来のために活かすプロテスタント精神、そしてそれを支える資本主義と愛国心によって、アメリカでは美術館文化が大きく発展することになります。また、寄付控除があるため、個人コレクションを美術館へ寄贈や遺贈する寄付文化が根付いていることも、アメリカの美術館がヨーロッパに劣らない豊富なコレクションを誇る要因になりました。

こうした理由から、現代のアメリカにはヨーロッパに引けを取らないレベルの高い美術館がいくつもあるのです。

そして、この美術館文化を支えたのがアメリカ人の富豪たちでした。ヨーロッパの主要美術館が王侯貴族のコレクションを軸にしているものが多い中、アメリカは建国以来の純粋なブルジョワ社会のため、美術館創立に貢献したのも大財閥を筆頭にしたアメリカ人富豪たちだったのです。

たとえば、メトロポリタン美術館はモルガン家、ロックフェラー家、アスター家、そして「リーマン・ショック」のリーマン家との関係を抜きに語れません。ワシントンDCのナショナル・ギャラリーも、銀行家・財務長官アンドリュー・メロン（1855〜1937年）が建物と自分のコレクションを国家と国民のためのものとして寄付し、創設に尽力した美術館なのです。

さらには、ニューヨークにはフリック家やグッゲンハイム家の、そして西海岸にはゲティ家の一族の名を冠した美術館があります。彼らの場合はコレクションを既存の美術館には寄贈せず、個人の美術館を設立して公開しました。

また、素晴らしいのがそれぞれの美術館が「お宝自慢」に終わっておらず、美術史的にも価値のある名品が揃っている点です。体系的な観点で美術史に則した啓蒙的なコレクションを誇っています。

これには、アメリカの学歴社会の側面も少なからず影響しています。貴族社会ではないアメリカでは、爵位ではなく学歴・学位が重要視される傾向があります。日本とは違う意味での学歴社会なのです。そのため、教養主義や権威主義が強く、大財閥クラスでさえも、美術史家や専門知識を持つ美術商たちの薦めによってコレクションを充実させる傾向がありました。

ワシントンDCにある美術館「ナショナル・ギャラリー」

伝統的に美術コレクションは個人（君主の場合は国家も）のステータスを高め、社会的に認知されるためのツールでした。したがって、コレクションのコンセプトや中身も重要であり、それぞれの制作者のみならず、注文主や過去の所有者といった美術品自体の歴史も重視されたのです。

このように、専門知識に則った収集スタイルで、莫大な富と共にヨーロッパ文化を継承し庇護していった結果、ヨーロッパに並ぶ所蔵品を誇る美術館文化を根付かせることができたのでした。

女性たちが開拓した現代アートの世界

アメリカにおける芸術分野の発展には、ヨーロッパとは比べ物にならないほど女性のパワーと働きも大きく影響しました。

19世紀後半には、アメリカの上流階級の女性たちの間で、美術に対する関心が高まり、美術史の講座に上流婦人たちが集まるようになります。その結果、男性社会的なヨーロッパ美術界と違い、アメリカの上流階級では、美術の面においては女性もイニシアティヴを取るようになっていくのです。男尊女卑の風潮が当たり前だった時代のアメリカでしたが、ヨーロッパに比べるとはるかに女性が主義主張を唱えやすかったことがわかります。当時のヨーロッパ人にとっても、アメリカ人女性の独立心や自由さは目を見張るものがありました。こうしたアメリカの上流婦人たちが、アメリカの美術館文化をより成長させていったのです。

たとえば、ボストンには女性の名前を冠した美術館があります。イザベラ・スチュワート・ガードナー（1840〜1924年）が創ったイザベラ・スチュワート・ガードナー美術館です。

ニューヨークの裕福な家庭に育った彼女は、少女時代にパリへ留学し、イタリアへの旅によって文化的薫陶を受けていきました。帰国後にボストンの名家ガードナー家に嫁いだイザベラは、結婚後も世界中を夫婦で旅して美術への傾倒を強めていきます。夫婦で美術品収集に熱中したイザベラは、絵画だけでもイタリアのルネサンス絵画から17世紀バロック絵画、19世紀フランス絵画と幅広く収集し、さらには同時代のアメリカ人画家ジェームズ・マクニール・ホイッスラー（1834～1903年）やジョン・シンガー・サージェント（1856～1925年）など、多岐にわたるコレクションを集めました。

大財閥には資本力ではかなわなかったイザベラでしたが、美術史家バーナード・ベレンソン（1865～1959年）を庇護するなど、人的ネットワークによってコレクションを充実させました。イザベラは岡倉天心（1862～1913年）とも親しく交流しています。1903年、その彼女が愛したヴェネツィアの邸宅をモデルにした建物で、自身のコレクションを一般公開したのがイザベラ・スチュワート・ガードナー美術館なのです。

イザベラ・スチュワート・ガードナーの肖像画（ジョン・シンガー・サージェント「白衣のイザベラ・スチュワート・ガードナー」1922年）
©MiguelHermoso

また、アメリカ独自のアメリカン・アートの成長に大きく貢献したのも女性たちでした。アメリカの上流階級においては、男性が美術品の嗜好において保守的になりがちなのに対し、女性たちが近代美術（当時は現代美術）を抵抗なく受け入れ、発展させていったのです。

たとえば、ロックフェラー家のジョン・D・ロックフェラー2世（1874〜1960年）は中世美術を好み、メトロポリタン美術館別館のクロイスターズを創設しましたが、その妻アビゲイル・グリーン・アルドリッチ・ロックフェラー（1874〜1948年）は夫の趣味とは対極的な最新の美術を好み、ヨーロッパとアメリカの優れた近代美術のコレクターとしてニューヨーク近代美術館（MOMA）の設立に尽力し、運営にも参加しています。

また、アメリカ屈指の大富豪ヴァンダービルト家出身で、アメリカの由緒ある名家ホイットニー家に嫁いだガートルード・ヴァンダービルト・ホイットニー（1875〜1942年）もまた、莫大な富をもとに、若い芸術家を庇護しアメリカの近代・現代美術を収集しました。そのコレクションをもとに彼女が設立したのがホイットニー美術館なのです。

このホイットニー美術館、MOMA、そしてグッゲンハイム美術館が、ニューヨークが誇る現代美術館となり、多くのアメリカン・アートを支えていくことになります。

ノブレス・オブリージュの精神で広がる「企業のメセナ活動」

こうしてヨーロッパ、そして自国の美術文化を育ててきたアメリカでしたが、美術市場と美術そのものを民主化（というより大衆化）させたのもアメリカでした。企業や新たに莫大な富を得た新興富裕層が、印象派以降の近代・現代美術品の価格を高騰させ、マス・メディアが美術市場をニュースとして取り上げ、大衆を観客にしたのです。美術に関する話題も娯楽化し、複合的にコマーシャル化させたのでした。

その結果、美術も大衆向けのテレビ番組同様に、「わかりやすさ」を求められるようになります。アートと芸術家の大衆化は、17世紀のオランダでも見られたように市民社会ならではの産物と言えます。

そして、美術品を臆面もなく投機対象とすることを「恥」とする文化も、何かにつけて声高な新興富裕層に押されてしまい、今や一部の寡黙なオールド・エスタブリッシュメント以外には通用しなくなりつつあります。ただし、社交の場で美術に関する話題が出た際に、美術品と金銭にまつわる話に触れることは避けましょう。「投資セミナー」でもない限り、社交の場でのお金の話は決して品の良い話題ではありません、芸術分野においてはとくにタブーだからです。

また、アメリカでは経済大国らしい「企業のメセナ活動（芸術活動）」も発展しました。

オペラやシンフォニーなども含め芸術を庇護することは、古い上流社会にとっても新興エリート階級であっても、「ノブレス・オブリージュ（高貴な人にとっての義務）」になっているのがアメリカです。有名無名問わず現代美術家を庇護することは、アメリカ文化を育てるために「そうあるべき姿」として意識的に浸透しています。

このノブレス・オブリージュの精神は、企業による「メセナ活動」へと発展しました。かつては王侯貴族と教会が芸術の庇護者であったのが、現代では企業がその役割を担うようになったのです。

企業がそのイメージを向上させるために美術品を購入し、芸術活動を庇護するようにもなりました。かつては宗教美術がパブリック・アートでしたが、現代ではその役割を、オフィスビルなどのロビーや広場を飾るコーポレート・アートが担うようになりました。

ただし、企業が庇護し、そして富裕層が時に投機対象として購入するなどして現在の美術市場をにぎわす美術品が、必ずしも100年後の美術史の中で高い評価を得ているか否かは現代の私たちにはわかりません。最低でも半世紀ほど経たないとその評価が定まらないことは、たとえばカラヴァッジョやフェルメール、そしてロココ絵画の巨匠たちの人生を振り返れば言うまでもないことです。

目の前にある現代美術でさえも、古代ギリシャから脈々と続く美術史における大河の一滴なのです。

おわりに

英国王室のウィリアム王子とキャサリン妃が、大学で美術史を専攻していた時に出会ったように、欧米での「美術史」はいわゆる「アッパークラス感」が強く出る学問であることは確かです。欧米の大学においても、いわゆる「エリート校」と世間的に称されるところ以外には、専攻の選択肢にすらないことが多いのです。

歴史を振り返っても、「美術」はある一定の階級以上の人たちにとって必須の教養でした。美術史のテキストに登場し、欧米の美術館が誇る芸術作品は、時の権力者が制作させたものがほとんどです。宗教美術の分野でも、それらを制作させたのは無名の一市民ではなく、名家出身の人たちでした。

現在、多くの観光客が訪れるルーヴル、プラドやウィーン美術史美術館、そしてエルミタージュやアルテ・ピナコテークなど、多くの美術館に収められている美術品もまた、王室の美術コレクションを一般公開したものが基礎になっています。さらに、ヨーロッパと違い王室が存在しなかったアメリカの有名美術館のそれも、上流階級の人々が専門家のアドバイスを受けて収集し、寄贈したものが多いのです。

つまり美術品とは、ある一定の知識や教養を持った人たちが発注し、収集したものなのです。こうした社会を牽引した人々が創り上げてきた文化は脈々と受け継がれ、現代の欧米のエリート社会にも根付いています。


本書では、そのような世界のエリートが常識として身につけている美術史約2500年分を紹介してきました。この本を読んでいただいた方は、もはや美術は「感性」で見るものではなく、「理性」で読むものであることを納得できたと思います。また、各時代の美術の意味、そしてその背景には歴史や価値観、経済状況などがあることもわかっていただけたことでしょう。美術史を通して、「世界的な文化・教養のスタンダード」を肌で感じていただけたのではないかと思います。

欧米人とそこまで関わりのない方にとっては、すぐにこの知識が役立つことはないかもしれません。しかし、本書の内容を知ることで、日本でも開催される展覧会の見方がこれまでとはまったく違ったものになります。また、毎日流れてくる世界のニュース、そして娯楽としての海外映画やドラマなどに対する視点も変わり、より深く受け入れられ、楽しめるようになるでしょう。

目覚ましい速度でグローバル化する現在の日本において、本書で学んだ西洋美術史の教養が、今までの日常にちょっとした変化を与えてくれるはずです。そしてその積み重ねによって、みなさんの未来がより豊かな時間で満たされることを願ってやみません。

木村泰司

2017年9月

掲載美術品一覧

作品名	作者	所蔵	掲載ページ
サモトラケのニケ（紀元前190年頃）	不明	ルーヴル美術館	22
ゲロ大司教の十字架（970年頃）	不明	ケルン大聖堂	42
ユダの首つり（1120～46年頃）	ジスレベルトゥス	オータン大聖堂	46
ベリー公のいとも豪華なる時祷書（1485～89年頃）	ランブール三兄弟	コンデ美術館	58
サン・ダミアノ十字（1100年頃）	不明	聖キアラ聖堂	64
磔刑（1272年以前）	チマブーエ	サンタ・クローチェ聖堂	64
ユダの接吻（1304～06年）	ジョット・ディ・ボンドーネ	スクロヴェーニ礼拝堂	65
アダムの創造（1511年頃）	ミケランジェロ・ブオナローティ	システィーナ礼拝堂	69

最後の審判（1535～41年）	ミケランジェロ・ブオナローティ	システィーナ礼拝堂	71
ゲッセマネの祈り（1570年頃）	ジョルジョ・ヴァザーリ	国立西洋美術館	72
メロードの祭壇画（1425年～28年頃）	ロベルト・カンピン	メトロポリタン美術館	77
アルノルフィーニ夫妻像（1434年）	ヤン・ファン・エイク	ナショナル・ギャラリー（ロンドン）	77
両替商とその妻（1514年）	クエンティン・マサイス	ルーヴル美術館	81
バベルの塔（1563年）	ピーテル・ブリューゲル（父）	美術史美術館	85
1500年の自画像（1500年）	アルブレヒト・デューラー	アルテ・ピナコテーク	87
嵐（1505年頃）	ジョルジョーネ	アカデミア美術館	94
ウルビーノのヴィーナス（1538年頃）	ティツィアーノ・ヴェチェッリオ	ウフィツィ美術館	95
レヴィ家の饗宴（1573年）	パオロ・ヴェロネーゼ	アカデミア美術館	97

キリスト昇天祭の日の御座舟の帰還（1732年頃）	カナレット	ロイヤル・コレクション（ウィンザー城）	99
サン・ジョルジョ・マッジョーレ島の眺め（1765〜75年頃）	フランチェスコ・グアルディ	エルミタージュ美術館	101
ヒュアキントスの死（1752〜53年）	ジョヴァンニ・バッティスタ・ティエポロ	ティッセン・ボルネミッサ美術館	101
聖フランチェスコの法悦（1595年頃）	カラヴァッジョ	ワーズワース美術館	107
聖母の死（1601〜06年頃）	カラヴァッジョ	ルーヴル美術館	108
聖マタイの召命（1599年）	カラヴァッジョ	サン・ルイジ・デイ・フランチェージ教会	109
ユウロペの誘拐（1637〜39年）	グイド・レーニ	ナショナル・ギャラリー（ロンドン）	111
聖母被昇天（1626年）	ピーテル・パウル・ルーベンス	アントウェルペン大聖堂（聖母大聖堂）	115
スペイン王フェリペ4世（1644年）	ディエゴ・ベラスケス	フリック・コレクション（ニューヨーク）	117

陽気な酒飲み（1628〜30年頃）	フランス・ハルス	アムステルダム国立美術館	121
鍍金した酒杯のある静物（1635年）	ウィレム・クラース・ヘダ	アムステルダム国立美術館	123
ハールレムの養老院の女性理事たち（1664年頃）	フランス・ハルス	フランス・ハルス美術館	124
夜警（1642年）	レンブラント・ファン・レイン	アムステルダム国立博物館	126
紳士とワインを飲む女（1658〜60年）	ヨハネス・フェルメール	ベルリン絵画館	128
サビニの女たちの略奪（1633〜34年）	ニコラ・プッサン	メトロポリタン美術館	143
アルカディアの牧人たち（1638年頃）	ニコラ・プッサン	ルーヴル美術館	143
ソロモンの審判（1649年）	ニコラ・プッサン	ルーヴル美術館	143
モナ・リザ（1503〜06年頃）	レオナルド・ダ・ヴィンチ	ルーヴル美術館	145

狩りの女神ディアナ（１５５０年頃）	不明	ルーヴル美術館	147
ガブリエル・デストレとその姉妹（１５９４年頃）	不明	ルーヴル美術館	147
シテール島への巡礼（１７１７年）	ジャン＝アントワーヌ・ヴァトー	ルーヴル美術館	153
ポンパドゥール夫人の肖像（１７４８〜５５年）	モーリス＝カンタン・ド・ラ・トゥール	ルーヴル美術館	154
ぶらんこ（１７６８年頃）	ジャン＝オノレ・フラゴナール	ウォレス・コレクション（ロンドン）	155
ディアナの水浴（１７４２年）	フランソワ・ブーシェ	ルーヴル美術館	155
食前の祈り（１７４０年）	ジャン＝バティスト＝シメオン・シャルダン	ルーヴル美術館	157
ホラティウス兄弟の誓い（１７８４年）	ジャック＝ルイ・ダヴィッド	ルーヴル美術館	159
ブルートゥスの家に息子たちの遺体を運ぶ警士たち（１７８９年）	ジャック＝ルイ・ダヴィッド	ルーヴル美術館	160

ボナパルト（ナポレオン）のアルプス越え（1801年）	ジャック＝ルイ・ダヴィッド	美術史美術館	163
皇帝ナポレオンの聖別式と皇妃ジョゼフィーヌの戴冠式（1805〜07年）	ジャック＝ルイ・ダヴィッド	ルーヴル美術館	164
グランド・オダリスク（1814年）	ジャン＝オーギュスト＝ドミニク・アングル	ルーヴル美術館	166
メデュース号の筏（1818〜19年）	テオドール・ジェリコー	ルーヴル美術館	168
キオス島の虐殺（1824年）	ウジェーヌ・ドラクロワ	ルーヴル美術館	169
民衆を導く自由の女神（1830年）	ウジェーヌ・ドラクロワ	ルーヴル美術館	170
レディー・ジェーン・グレイの処刑（1833年）	ポール・ドラロッシュ	ナショナル・ギャラリー（ロンドン）	172
石割人夫（1849年）	ギュスターヴ・クールベ	第二次世界大戦で焼失	179
鉄道（1873年）	エドゥアール・マネ	ワシントン・ナショナル・ギャラリー	181
水浴（草上の昼食）（1862〜63年）	エドゥアール・マネ	オルセー美術館	183

オランピア（1863年）	エドゥアール・マネ	オルセー美術館	185
笛を吹く少年（1866年）	エドゥアール・マネ	オルセー美術館	187
フォリー＝ベルジュール劇場のバー（1882年）	エドゥアール・マネ	コートールド・ギャラリー	189
虹の肖像（1600年頃）	不明	ハットフィールド・ハウス	194
ストロード家の人々（1738年頃）	ウィリアム・ホガース	テート・ブリテン	196
三美神に供物を捧げるレディー・サラ・バンバリー（1763～65年）	ジョシュア・レノルズ	シカゴ美術館	197
グレアム夫人（1775～77年）	トマス・ゲインズバラ	スコットランド国立美術館	198
シルヴィアの鹿を射るアスカニウスのいる風景（1682年）	クロード・ロラン	アシュモリアン美術館	200
オフィーリア（1851～52年）	ジョン・エヴァレット・ミレー	テート・ブリテン	205
モルトフォンテーヌの想い出（1864年）	カミーユ・コロー	ルーヴル美術館	208

落穂拾い（１８５７年）	ジャン＝フランソワ・ミレー	オルセー美術館	209
晩鐘（１８５７～５９年）	ジャン＝フランソワ・ミレー	オルセー美術館	210
ラ・グルヌイエール（１８６９年）	クロード・モネ	メトロポリタン美術館	216
ムーラン・ド・ラ・ギャレット（１８７６年）	ピエール＝オーギュスト・ルノワール	オルセー美術館	219
印象・日の出（１８７２年）	クロード・モネ	マルモッタン美術館	222
踊りの花形（１８７６～７７年）	エドガー・ドガ	オルセー美術館	227
白衣のイザベラ・スチュワート・ガードナー（１９２２年）	ジョン・シンガー・サージェント	イザベラ・スチュワート・ガードナー美術館	233

人名索引

主な参考文献

・秋山聰・小佐野重利・北澤洋子・小池寿子・小林典子『西洋美術の歴史5　ルネサンスII　北方の覚醒、自意識と自然表現』中央公論新社、2017年

・浅野和生『ヨーロッパの中世美術』中公新書・中央公論新社、2009年

・レザー・アスラン『イエス・キリストは実在したのか?』白須英子訳、文藝春秋、2014年

・伊藤貞夫『古代ギリシアの歴史　ポリスの興隆と衰退』講談社、2004年

・アンドレ・ヴァルノ『パリ風俗史』北澤真木訳、講談社、1999年

・ポール・ヴァレリー『ドガ　ダンス　デッサン』清水徹訳、筑摩書房、2006年

・海野弘『パトロン物語　アートとマネーの不可思議な関係』角川oneテーマ21・角川書店、2002年

・ナタリー・エニック『芸術家の誕生　フランス古典主義時代の画家と社会』佐野泰雄訳、岩波書店、2010年

・小佐野重利・京谷啓徳・水野千依『西洋美術の歴史4　ルネサンスI　百花繚乱のイタリア、新たな精神と新たな表現』中央公論新社、2016年

・尾関幸・陳岡めぐみ・三浦篤『西欧美術の歴史7 19世紀 近代美術の誕生、ロマン派から印象派へ』中央公論新社、2017年

・大野芳材・中村俊春・宮下規久朗・望月典子『西洋美術の歴史6　17〜18世紀　バロックからロココへ、華麗なる展開』中央公論新社、2016年

・鹿島茂『ナポレオン　フーシェ　タレーラン　情念戦争1789-1815』講談社、2009年

・鹿島茂『怪帝ナポレオン三世　第二帝政全史』講談社、2010年

・鹿島茂『パリが愛した娼婦』角川学芸出版、2011年

・加藤磨珠枝・益田朋幸『西洋美術の歴史2　中世I　キリスト教美術の誕生とビザンティン世界』中央公論新社、2016年

・ジョセフ・カルメット『ブルゴーニュ公国の大公たち』田辺保訳、国書刊行会、2000年

・木俣元一・小池寿子『西洋美術の歴史3　中世II　ロマネスクとゴシックの宇宙』中央公論新社、2017年

・ケネス・クラーク『ザ・ヌード　理想的形態の研究』高階秀爾・佐々木英也訳、ちくま学芸文庫・筑摩書房、2004年

・G・P・グーチ『ルイ十五世　ブルボン王朝の衰亡』林健太郎訳、中央公論社、1994年

・小林章夫『イギリス貴族』講談社現代新書・講談社、1991年

・フィリップ・コンタミーヌ『百年戦争』坂巻昭二訳、白水社、2003年

・酒井健『ゴシックとは何か』講談社現代新書・講談社、2000年

・佐藤達生・木俣元一『図説大聖堂物語　ゴシックの建築と美術』河出書房新社、2000年

・島田紀夫『印象派の挑戦　モネ、ルノワール、ドガたちの友情と闘い』小学館、2009年

・高階秀爾『バロックの光と闇』小学館、2001年

・高階秀爾『ルネッサンスの光と闇　芸術と精神風土』中公文庫・中央公論社、1987年

・高階秀爾『フランス絵画史　ルネッサンスから世紀末まで』講談社、1990年

・高橋裕子『イギリス美術』岩波新書・岩波書店、1998年

・マイク・ダッシュ『チューリップ・バブル』明石三世訳、文春文庫・文藝春秋、2000年

・千葉治男『ルイ14世　フランス絶対王政の虚実』清水書院、1984年

・ツヴェタン・トドロフ『個の礼讃　ルネサンス期フランドルの肖像画』岡田温司・大塚直子訳、白水社、2002年

・ツヴェタン・トドロフ『日常礼讃　フェルメールの時代のオランダ風俗画』塚本昌則訳、白水社、2002年

・中村俊春『ペーテル・パウル・ルーベンス　絵画と政治の間で』三元社、2006年

・芳賀京子・芳賀満『西洋美術の歴史1　古代　ギリシアとローマ、美の曙光』中央公論新社、2017年

・長谷川輝夫『聖なる王権ブルボン家』講談社、2002年

・アーウィン・パノフスキー『ゴシック建築とスコラ学』前川道郎訳、ちくま学芸文庫・筑摩書房、2001年

・エルヴィン・パノフスキー『イコノロジー研究　上・下』
浅野徹・阿天坊耀・塚田孝雄・永澤峻・福部信敏訳、ちくま学芸文庫・筑摩書房、2002年

・ピーター・バーク『ルイ14世』石井三記訳、名古屋大学出版会、2004年

・リュシアン・フェーヴル『フランス・ルネサンスの文明　人間と社会の四つのイメージ』
二宮敬訳、ちくま学芸文庫・筑摩書房、1996年

・マックス・フォン・ベーン『ロココの世界　十八世紀のフランス』飯塚信雄訳、三修社、2000年

・フィリップ・フック『印象派はこうして世界を征服した』中山ゆかり訳、白水社、2009年

・リュック・ブノワ『ヴェルサイユの歴史』滝川好庸・倉田清訳、白水社、1999年

・ジュヌヴィエーヴ・ブレスク『ルーヴル美術館の歴史』高階秀爾監修、遠藤ゆかり訳、創元社、2004年

・フロマンタン『オランダ・ベルギー絵画紀行　昔日の巨匠たち　上・下』高橋裕子訳、岩波書店、1992年

・モーリス・ブロール『オランダ史』西村六郎訳、白水社、1994年

・クリスティン・ローゼ・ベルキン『リュベンス』高橋裕子訳、岩波書店、2003年

・イヴ＝マリー・ベルセ『真実のルイ14世　神話から歴史へ』阿河雄二郎・嶋中博章・滝澤聡子訳、昭和堂、2008年

・ドミニク・ボナ『黒衣の女　ベルト・モリゾ』持田明子訳、藤原書店、2006年

・堀越孝一『ブルゴーニュ家』講談社現代新書・講談社、1996年

・エミール・マール『ヨーロッパのキリスト教美術　12世紀から18世紀まで　上・下』柳宗玄・荒木成子訳、岩波文庫・岩波書店、1995年

・吉川節子『印象派の誕生　マネとモネ』中公新書・中央公論新社、2010年

・J・ル=ゴフ『中世とは何か』池田健二・菅沼潤訳、藤原書店、2005年

・ピエール・レベック『ギリシア文明』青柳正規監修、田辺希久子訳、創元社、1993年

・『ブリタニカ国際大百科事典』フランク・B・ギブニー編集、TBSブリタニカ、1995年

・『NHK　ルーブル美術館　Ⅰ～Ⅶ』高階秀爾監修、日本放送出版協会、1985年（Ⅰ～Ⅳ）・1986年（Ⅴ～Ⅶ）

・Dawson W. Carr『Velázquez』National Gallery Company Limited, 2006

・Sergei Daniel and Natalia Serebriannaya『Claude Lorrain, Painter of Light』Parkstone Aurora, 1995

・Penelope J.E. Davis, Walter B.Denny, Frima Fox Hofrichter, Joseph Jacobs, Ann M. Roberts, David L. Simon『Janson's History of Art: The Western Tradition』Pearson / Prentice Hall, 2007

・Elizabeth Harriet Denio,『Nicolas Poussin His Life and Work』Charles Scribner's Sons,1899

・Jean-Claude Frere『Early Flemish Painting』Finest SA / Edition Terrail, 1996

・James Hall『Dictionary of Subjects & Symbols in Art』Westview Press, 1979

・Diane Kelder『The Great Book of French Impressionism』Artabras, 1997

・Iris Lauterebach『Antoine Watteau』Taschen, 2008

・Joan R. Mertens.『The Metropolitan Museum of Art: Greece and Rome』The Metropolitan Museum of Art, 1987

・Erwin Panofsky『Early Netherlandish Painting』Harper & Row Publishers, 1971

・Pablo de la Riestra, Bruno Klein, Christian Greigang, Peter Kurmann, Aick McLean,Uwe Geese, Ehrenfireid Kluckert, Brigitte Kurmann-Schwarz, edited by Rolf Toman『The Art of Gothic』Konemann, 1998

・Werner Schade ed.『Claude Lorrain: Paintings and Drawings』Schirmer Art Books, 1998

・Peter C. Sutton『Dutch & Flemish Painting: The Collection of Willem Baron van Dedem』Frances Lincoln, 2002

・Manfred Wundram『Painting of the Renaissance』Taschen, 1997

・Yuri Zolotov and Natalia Serebriannaia,『Nicolas Poussin: The master of colours』Partstone Aurora, 1994

図録

・『イタリアの光　クロード・ロランと理想風景』幸福輝・小針由紀隆編集、国立西洋美術館・朝日新聞社、1998年

・『レンブラントとレンブラント派　聖書、神話、物語』幸福輝編集、NHK・NHKプロモーション、2003年

・『フェルメール「牛乳を注ぐ女」とオランダ風俗画展』中村俊春監修、東京新聞・NHK・NHKプロモーション、2007年

・『ウィーン美術史美術館所蔵　静物画の秘密展』カール・シュッツ、木島俊介監修、東京新聞、2008年

・『コロー：光と追憶の変奏曲』陳岡めぐみ・国立西洋美術館監修、国立西洋美術館・読売新聞東京本社、2008年

・『ルーヴル美術館展　17世紀ヨーロッパ絵画』日本テレビ放送網、2009年

・『マネとモダン・パリ』高橋明也・杉山菜穂子編集、三菱一号館美術館・読売新聞社・NHK・NHKプロモーション、2010年

・『ルーヴル美術館展　日常を描く―風俗画にみるヨーロッパ絵画の真髄』ヴァンサン・ポマレッド監修、日本テレビ放送網、2015年

・『プラド美術館展　スペイン宮廷　美への情熱』三菱一号館美術館・読売新聞社編集、読売新聞東京本社、2015年

・『カラヴァッジョ展』ロッセッラ・ヴォドレ・川瀬佑介構成・監修、国立西洋美術館・NHK・NHKプロモーション・読売新聞社、2016年

・『クラーナハ展　500年後の誘惑』グイド・メスリング、新藤淳責任編集、TBSテレビ、2016年

・『大エルミタージュ美術館展　オールドマスター　西洋絵画の巨匠たち』千足伸行監修、日本テレビ放送網、2017年

HP

「Louvre Museum Official Website」: http://www.louvre.fr/en

「The Metropolitan Museum of Art - Official Site」:http://www.metmuseum.org/

「Museo Nacional del Prado」: https://www.museodelprado.es/en

「The National Gallery· London」: http://www.nationalgallery.org.uk/

「Whitney Museum of American Art - Official Site」: http://whitney.org/

［著者］
木村泰司（きむら・たいじ）
西洋美術史家。1966年生まれ。米国カリフォルニア大学バークレー校で美術史学士号を修めた後、ロンドンサザビーズの美術教養講座にてWORKS OF ART修了。ロンドンでは、歴史的なアート、インテリア、食器等本物に触れながら学ぶ。東京・名古屋・大阪などで年間100回ほどの講演・セミナーを行っている。
『名画の言い分』『巨匠たちの迷宮』『印象派という革命』（以上集英社）、『名画は嘘をつく』シリーズ（大和書房）、『美女たちの西洋美術史　肖像画は語る』（光文社）、『おしゃべりな名画』（ベストセラーズ）、『西洋美術史を変えた名画150』（辰巳出版）など、著書多数。

世界のビジネスエリートが身につける教養「西洋美術史」

2017年10月4日　第1刷発行

著　者——木村泰司
発行所——ダイヤモンド社
〒150-8409　東京都渋谷区神宮前6-12-17
http://www.diamond.co.jp/
電話／03･5778･7236（編集）　03･5778･7240（販売）

装丁————渡邊民人（TYPEFACE）
本文デザイン・DTP——清水真理子（TYPEFACE）
製作進行——ダイヤモンド・グラフィック社
校正————鷗来堂
印刷————勇進印刷（本文）・共栄メディア（カバー）
製本————ブックアート
編集担当——畑下裕貴

ISBN 978-4-478-10394-4